인문잡지 한편
15

독립

KB193314

독립의 아픔을
주고받으며

독립하고 싶다. 간섭받기 싫다는 뜻이다. 의미를 찾지 못하는 일을 반복하기보다 내가 판단하고 결정 내리고 싶다. 하지만 세상에는 '왜?'라고 묻고 고민한 끝에 거절할 수 있는 일보다 영혼 없이 처리해야 하는 일이 더 많았다. '해야지 뭐 어쩌겠어…….' 유서 깊은 회사의 축적된 업무들, 좀처럼 새로운 사람이 들어오지 않는 출판사에서 5년 넘게 계속되는 '막내'의 일들. 이것저것을 따져보면 그냥 그대로 하는 게 가장 나았다.

'충분히 쉰 뒤에는 무얼 하고 싶나요?'라는 《한편》 14호 '쉼'의 질문에 독자들은 일, 운동, 공부, 글쓰기 등 하고 싶은 일을 다양하게 꺼내 놓았다. 나 역시 쉼이 준 활력으로 진짜 하고 싶은 일을 찾아 몰입해 보고 싶었다. 자기 일에 자부심을 갖고 몰두하는 사람이 늘 부러웠다. 이런 바람을 내비치면 선배들은 진지하게 조언해 주었다. "네가 하고 싶은 게 뭔데? 그걸로 너만의 프로젝트를 꾸려." 냉정하지만 맞는 말 같았고, 그래서 나도 내가 답답했다. 독서 인구가 매년 감소하는 와중 여전히 책을 만드는 출판편집자는 어떻게 나만의 프로젝트를 꾸려야 할까?

자기 영역이 있는 전문가. 새로운 프로젝트를 끊임없이 가동시키는 기획자. 언제나 새로운 콘텐츠를 내보이며 자기 브랜드를 구축해야 하는 콘텐츠 산업 종사자들이 요구받는 독립의 모양이다. 콘텐츠 산업 종사자뿐 아니라 거의 모든 현대인이 유튜브, 인스타그램, 페이스북, 링크드인 등 각종 플랫폼에서 자기 연출을 하며 각자의 매력과 능력을 드러내기를 기대받는다.

몇 년 새 급성장한 유튜브 채널에 간간이 출연하면서 나는 내가 진짜로 갖춰야 하는 능력이 뭔지 헷갈리기 시작했다. '매력 있는' 편집자로 나서서 책을 잘 파는 것은 이 일을 계속하기 위한 필요조건처럼 느껴졌다. 진짜보다 보이는 것이 중요하다는 '프로필 사회'에서 나를 어떻게 포장해서 얼마나 꺼내 보여야 할지 알 수 없었다. 한편으로 언제 다른 새로운 곳으로 향할지 모르는 '관심'에 기대는 마케팅이, 출간과 계약이 불안했다. 출판업계 사람들과의 세미나에서 고민을 털어놓아 봤지만, 해법은 역시나 더 잘 만들고 더 열심히 파는 것이었다. 기획, 편집, 제작, 마케팅까지 출판의 모든 것을 혼자 해내는 선배 편집자들 앞에서 배부른 소리를 했다는 생각에 부끄러워질 뿐이었다.

무기력에서 벗어나 돌파구를 찾고 싶었다. 모두가 독립해야 하고, 웬만하면 잘해야 한다. 홀로서기에 실패했을 때 그 책임은 나의 몫이다. 이런 세상에서 잘 독립하는 방법은 무엇일까? '독립'의 가이드를 찾는 마음으로 필자들을 찾아다녔다. "길을 찾는다는 것은 길을 잘 아는 가이드를 찾는 것"(이양구)이니까. 지난 호에 이어 이번 호에도 다양한 형식의 글을 실었다. 여덟 명의 가이드들은 희곡, 강의, 대담, 취재 노트를 통해 저마다의 길을 보여 준다.

만남이 만드는 균열과 연결

'독립' 호를 여는 글은 희곡이다. 독립에 대해 생각하던 지난 몇 개월간 연극을 여러 편 봤다. 연극을 보다 종종 잠들기도 했지만, 무대가 끝나고 난 뒤 배우들의 표정을 볼 때면 언제나 벅찼다. 종종 극 중에서 표현된 그 무엇보다 막이 내린 후 배우들의 감정을 강렬하게 느꼈다. 내가 해냈다는 자부심, 옆에 있는 배우와 스태프 그리고 관객과 함께 해냈다는 데 대한 진심 어린 고마움. 무대는 서로에게 의존하지 않고는 만들 수 없다. 그 무대를 구성하는 관객으로서 함께 있다가 극장을 나설 때, 나는 그 전과 달라져 있다.

극작가 이양구의 희곡 「저마다의 먼 강으로」는 이처럼 변화를 만드는 마주침을 보여 준다. 조선과 중국의 경계를 이루는 압록강은 북한에서 남한으로, 남한에서 북한으로 건너가려는 이들을 가로막는다. 하지만 강이 제각기 흘러 바다에서 만나고 새들이 흩어졌다가도 군무를 추듯, 남한과 북한의 사람들은 압록강을 건너 서로와 만난다. 작가가 들려주는 강과 새의 코러스로 남과 북의 경계에 균열이 생기고, 기묘하고 애틋한 공생관계가 수면 위로 드러난다.

만남은 어떤 결과로 이어질까? 인류학 연구자 송재홍의 「래퍼들의 갤럭시」는 대구의 래퍼들을 참여 관찰하며 개인과 공동체의 구분을 뛰어넘는 힙합의 순간을 포착한다. 오늘날 힙합은 펀치 라인을 뽐내는 '스타 래퍼'의 디스전으로 상징화되지만, 송재홍은 옆 사람의 이야기에 반응하는 사이퍼에 주목한다. 상대의 랩을 듣고 즉각적이고 감각적으로 이어 가는 랩은 실존을 건 자기 이야기라는 점에서 독립적이고, 서로가 있기에 발견하는 이야기라는 점에서 의존적이다. 사이퍼에 참여하며 자기 이름이 적힌 연구를 완성한 대학원생은 논문을 들고 래퍼들을 찾아간다. 개인화된 결과물은 '공동 발견'이 일어난 사이퍼의 참여자에게 또 어떤 좋은 것을 가져다줄 수 있을까?

연립으로 자유로워지기

갈라졌다 다시 만나는 강줄기, 흩어졌다 다시 모이는 새들, 둥글게 모여 사이퍼를 하다가 또 각자의 삶을 살아가는 래퍼들. 여기에서 개인과 공동체의 구분은 무의미해 보인다. 나와 너라는 구분에 열중하다 보면 나의 것이자 너의 것인 공동의 무언가를 놓치기 마련이다. 독립된 개인들의 모임으로만 설명할 수 없는 관계의 빈틈을 더 효과적으로 포착할 언어가 있을까?

철학 연구자 김강기명의 「독립 너머 연립」은 스피노자 철학을 바탕 삼아 연립하는 삶을 주장한다. 인구 재생산 위기, 돌봄 위기, 기후위기 등 우리가 직면한 전 지구적 문제는 '독립적 개인들이 사회계약을 맺는' 식의 근대적 기획으로는 해결할 수 없다. 개체는 곧 개체화 과정이며, 외따로일 때 최고로 부자유하다. 협력을 통해 "더 많은 것을 할 수 있는 신체"가 되는 새로운 자유의 길을 따라가 보자.

연결되어야 자유롭다는 철학은 국경선을 뒤엎는 죽음의 전장에도 포개진다. 전선기자 정문태의「국경은 아프다」는 현재 진행 중인 버마의 독립투쟁에 얽힌 수십 개의 집단을 만난 기록을 전한다. 국경에는 반군부와 민주화를 외치는 버마인과 독립을 요구하는 소수민족이 뒤섞여 있다. 버마 군사정부의 압제에 함께 맞서지만, 이들의 입장 차는 쉬이 좁혀지지 않는다. 그럼에도 35년 동안 현장에 있었던 기자가 말하는 해법은 연립이다. "뿔뿔이 흩어진 소수민족으로는 앞날이 없다."

의존하는 관계 만들기

이어지는 세 편의 글은 독립 실전 편이다.《한편》편집부는 삶의 각 영역에서 홀로서기보다 함께 자유롭기를 실천해 온 이들을 만났다.

첫 번째 현장은 집. 자기만의 공간은 독립의 첫걸음이자 최종 단계로 여겨진다. 주거 독립은 대학 진학, 취업, 결혼 등 생애 주기와 맞물려 있는 한편, 좀처럼 해결되지 않는 부동산 문제 앞에서 가장 달성하기 어려운 목표이기도 하다. 공동체은행 '빈고' 활동가 지음은 주거 독립의 의미를 '나만의 집 갖기' 너머로 확장시킨다.「독립은 함께 살기다」는 자기만의 공간을 얻은 뒤 오히려 더 부자유해진다는 역설을 해결하기 위해 함께 살기를 실천하는 '빈집'의 이야기다. 성별도 나이도 소득 수준도 다른 이들이 함께 살며 갈등을 자유롭고 평등하게 해결할 방법을 모색한다. 빈집 구성원들은 금융 자본에서 독립하기 위한 공동체은행을 세우기에 이른다. 서로에게 의존하며 자유롭고 즐겁게 살아가기 위한 모험은 현재 진행 중이다.

민족사관학교 교사 황소희의 「한국인의 시민 수업」이 기록하는 또 다른 현장은 학교다. 교육의 목적은 부모와 선생의 울타리를 벗어난 '독립적인 시민'을 기르는 데 있다. 그런데 지금 교실에서는 '독립된 인격체로 대우해 달라'는 학생들의 요구가 커지는 한편 독립한 이가 따라야 할 시민의 모범상은 점차 흐려지고 있다. '다른 사람에게 민폐 끼치지 말자.'를 좌우명 삼은 학생들은 친구의 곤경 앞에서 빠르게 시야를 좁힌다. '알빠임? 공부나 하자.' 학교는 무엇을 어떻게 가르쳐야 할까? "신뢰할 수 있는 공동체의 경험"을 일깨우는 시민교육은 어른에게도 필요해 보인다. 《한편》편집자들 역시 수업에 참여해 꼬리를 무는 질문들에 답해 보았다.

모든 사람은 태어나서부터 죽을 때까지 무수히 많은 이들에게 의존해 살아간다. 그러나 "무엇보다 사랑하는 사람들에게 의존한다."(『나이 든다는 것에 관하여』) 마지막에 실은 대담 「일인 가구의 쾌락 독립」은 가장 가깝고 그래서 가장 위험한, 친밀한 관계에서의 의존을 다룬다. 인구의 35.5퍼센트가 일인 가구인 시대, 혼자 사는 편집자가 물었다. "혼자 살아도 정말 괜찮아? 손잡고 입 맞추고 몸 붙이는 쾌락에서 정말 독립한 거야?" 이에 반려가 전숍 유포리아 대표 안진영과 디지털성폭력근절 연구활동가 백가을이 솔직하고 유용한 의견을 전한다. 딥페이크 성범죄가 '친밀한 관계'에 대한 공포심을 증폭시키는 와중, 여성들의 성적 욕망과 불안을 드러내는 일은 불균형한 성 담론에 평형추를 맞춘다. 쾌락과 친밀성에 대해 오래 고민한 두 필자의 생생한 대화 속에서 나의 외로움과 욕망을 달래고 만족시킬 팁을 얻어 보자.

아름다운 모독을 나누려면

정치인 안희정의 성장과 붕괴를 기록한 『몰락의 시간』을 읽으며 나는 그의 몰락이 비단 정치인에게만 일어나는 일은 아니라고 생각했다. 모두가 자기 연출을 하는 시대다. 누구나 '네가 무얼 하든 너의 편'이라 말하는 지지자와 언제든 돌아설 준비가 된 냉담자 앞에 설 수 있다. 더 나은 내가 되어야 한다며 스스로를 채찍질하는 '나르시시즘의 고통'(이졸데 카림)에 빠지기도, 자아도취에 갇혀 '몰락의 시간'을 맞기도 쉬운 사회다. 홀로 서지 못하는 자신을 너무 미워하지 않기 위해, 스스로를 끊임없이 의심하다 결국 자아도취의 안락함으로 빠지지 않기 위해 나는 의존할 수 있는 우정이 필요하다는 생각에 미쳤다.

　　의존할 수 있는 우정이라니? 끔찍하지만 자꾸 들여다보게 되는 아름다운 작품을 남긴 화가 프랜시스 베이컨은 친구이자 평론가인 데이비드 실베스터와의 인터뷰에서 우정을 이렇게 정의했다. "두 사람이 진정으로 서로를 혹평하면서 그것을 통해 상대방으로부터 무언가를 배울 수 있는 것"(『나는 왜 정육점의 고기가 아닌가?』). 실베스터는 그것을 "아름다운 모독"이라고 재정의한다. 그런데 모독이 어떻게 아름다울 수 있을까?

　　나에게 "하고 싶은 게 뭐야?"라고 가장 자주 묻는 이들은 물론 《한편》 동료들이다. 편집자의 관심에서 출발하는 《한편》의 기획을 위해 필요한 질문이었지만, 캐묻듯 들어오는 질문이 종종 당황스러웠다. 충분한 답을 주지 못한 것 같을 때는 미안했다. 일을 제대로 못 하고 있다는 생각에 수치스럽기도 했다. '나를 어디까지 꺼내 놓아야 할지 알 수 없다'는 어려움은 동료 앞에 자신을 어디까지 드러내야 할지 모르겠다는 것을 포함한다. 일과 삶을 속속들이 공유하게 되어 버린 동료들이 극한 갈등에 빠지는 것을 보면서는 안전거리가 필요하다고 느꼈다. 어떤 말을 해야 한다고 생각한 순간에도 동료이자 상사이자 친구인 이와 멀어지는 게 두려워서 그만두었다.

솔직하게 말했다면 변화가 있었을까? 사실 자신이 없다. 하지만 친구의 진정한 혹평을 겸허히 받아들이는 단단함이 독립이고, 진득하게 지켜보고 사려 깊게 전해 주는 조언은 독립하기 위해 의존할 수 있는 유일한 것이 아닐까. 필요한 이야기를 꺼냈을 때 멀어질 수밖에 없다면 그 관계는 이미 거리 두기가 필요한 사이이겠다. 지금 나는 어쩔 수 없이 친구가 되어 버린 동료들에게 "아름다운 모독"을 주고 싶고, 나르시시즘에 빠져 거꾸러질 때 그것을 돌려받고 싶다. 나는 이들에게 불완전한 나를 꺼내 놓으면서 성장하고 있고, 그것이 바로 독립하는 과정이기 때문이다.

'독립'에 대해 생각하는 동안 독립하고 싶다는 욕망에 대한 의구심이 자꾸 따라붙었다. 나는 진짜 독립하고 싶은가? 해야 한다니 하고 싶다고 생각하는 건 아닐까? 하지만 원하는 것을 꺼내 놓고 거기에 대한 반응을 듣는 일에는 분명 즐거움이 있다. 일방적으로 강의를 듣는 것만으로는 '공동 발견'이 일어나지 않는다. 독자들에게 제안하는 '독립' 독서법은 이렇다. 희곡을 함께 낭독하기. 강의를 함께 읽고 서로의 고민을 이야기하기. 선선한 가을날 공원에서 '독립'을 가운데에 놓고 둘러앉아 별안간 사이퍼를 하기. 옆 사람의 이야기를 듣고 나의 이야기를 꺼내 보자. 와 중 진정한 혹평이 들어온다면, 나 역시 상대의 이야기에 아름다 운 모독을 되돌려 주자.

김세영(편집자)

인문잡지 한편
2024년 9월
15호

독립

희곡

저마다의 먼 강으로

이양구

이양구   연극 대본을 쓰고 연출을 한다. 「당선자 없음」(2022), 「당연한 바깥」(2024) 등 공연 대본을 썼다. 여행을 좋아해서 틈만 나면 어디로든 떠나려 한다.

대한민국의 [독립] 이후의 이야기

등장인물

나일강	
압록강	
나일강 새	
압록강 새	
청년	이양구. 극작가. 「당선자 없음」과 「당연한 바깥」의 작가
보스코	이양구의 친구
조이스	이양구의 친구
군인 1, 2	
은행나무	두산아트센터 주차장 건너편 삼양그룹 빌딩 앞에 서 있다. 수백 년 동안 그 자리에서 사람들을 지켜보았다.
고양이	
의사	「당연한 바깥」의 등장인물. 압록강을 건너 북으로 되돌아가려는 '탈북민'이다.
서진	「당연한 바깥」의 등장인물. 중국에서 활동하는 국정원 요원이다.
상영	「당선자 없음」의 등장인물. 친일파 최하영을 모델로 했다.
피디	「당선자 없음」의 등장인물
교수	「당선자 없음」의 등장인물

1장

막이 오른다.

짙은 초록빛 옷을 입은 압록강이 나온다.

압록강　내 이름이 왜 압록강인 줄 아세요? 북송(北宋) 시대 구양수란 사람이, 나의 물빛이 내 품에서 살고 있는 청둥오리 머리 색을 닮아서 압록수라고 불린다고 『신당서(新唐書)』에 적어 두었다는군요. 오리 압(鴨), 초록빛 록(綠). 내 이름은 내가 품은 새들의 머리 빛깔, 새들의 머리 빛깔은 곧 나의 이름이 된 거죠. 그러나 요즘 나는 가끔 생명의 초록빛을 억압하는 존재가 된 것 같다는 생각이 들어요. 누를 압(押), 초록빛 록(綠). 나를 그렇게 부르는 목소리가 들리는 것 같아요.

무대 반대쪽에서 검푸른 옷을 입은
나일강이 나온다.

나일강   나를 부르는 첫 번째 이름도 빅토리아 나일이
지요. 나의 이름은 아직도 우간다를 식민 지
배한 나라의 옛 여왕을 기리고 있어요. 나는
빅토리아 호수의 하얀 나일강, 수단의 하르툼
에서 푸른 나일강을 만나 사하라 사막을 흘러
이집트로, 지중해로 건너가지요.

압록강에 사는 새들로 구성된
코러스가 등장하며 노래한다.

압록강 새   구름의 고원 위에 떠 있는 푸른 천지
백두산 하이얀 자작나무 숲
만 갈래 뿌리 끝에서 흘러나온
짙푸른 물방울들
압록강 양 끝에 사는 사람들은
중국과 조선의 경계라 부르지만
강을 가로지르는 작은 전선을
발끝에 움켜쥔 푸른 새들은
이마에 젖은 압록강을 털어내며 노래하네
남한에서 온 청년의 이야기

        이양구

나일강에 사는 등이 검은 새들로 구성된

코러스가 등장한다.

나일강 새　여기는 우간다 진자, 하얀 나일강의 수원(水源)

나일강댐 호수 한복판 돌로 된 아주

작은 섬 잎이 없는 나무 두어 줄기

가지에 잎으로 내려앉은 부리가 길고

등이 검은 새들;

노래하네 비어 나일을 마시며

소스 오브 리버 나일(Source of the River Nile)로

가고 있는 남한에서 온 청년의 이야기

1장

나일강 새　그때는 2016년 여름

바로 이곳 우간다 진자였지

남한에서 온 그 청년은 사진을 찍고 있었지

나일강댐을 배경으로 우간다 친구 존 보스

코와

그의 아내 조이스도 함께였어

그때 군복을 입은 사람이 총을 겨누며 다가
왔지.

군인 1   Don't you have your eyes?

청년   …….

나일강 새   그가 가리키는 손가락을 따라 하늘을 보자
어느새 내려온 무대장치처럼 'No Picture'가
걸려 있었어.

군인 1   Passort!

나일강 새   주머니를 뒤져 보지만 여권을 집에 두고 왔지

군인 1   Passort!

나일강 새   몹시 당황하여 휴대폰 사진첩을 뒤져 여권 사
진을 보여 주었지

군인 1   (화를 내며) Is this your passport? Is this your
passport?! (계속해서 화를 낸다.)

나일강 새   청년은 영어를 못 알아 듣는 척도 해 보고

보스코   Sir…….

나일강 새   보스코는 선처를 호소하는 눈빛이 되었고
조이스도 너무 놀라 아무 말도 하지 못했지
그때 다른 군인이 다가와 은빛 수갑을 들어
보이며 웃었어.

이양구

군인 2   (몇 번 반복) I will arrest you.

나일강 새   청년은 스파이, 국가 중요 시설물 불법 촬영 혐의로 체포되었어.

보스코   Sir. Don`t you know President Park?

군인   ······.

보스코   Yanggu is our friend from South Korea. Please. Sir.

나일강 새   보스코는 청년이 "남한" 사람이라는 것을 계속해서 강조했어.

그때 나일강이 앞으로 나와서 말한다.

나일강   박근혜 대통령이 우간다를 국빈 방문하여, 한국 정부 지원을 받아 아프리카 최초 개원한 농업 지도자 연수원 개원식에 참석한 지 한 달이 조금 더 지난 때였어요. 무세베니 대통령은 '아프리카의 박정희 대통령'으로 알려진 거 아세요? 그때 무세베니 대통령은 박 대통령을 만나 회담을 한 후 북한과의 군사 협력 중단을 선언하고, 남한과의 경제 협력을 확

대해 가기로 약속했거든요. 한참 후 군인들은 청년과 보스코 부부를 석방하고 친절하게도 나의 수원(Source of the River Nile)으로 오는 배를 탈 수 있는 선착장까지 데려다주었어요. 청년은 Source of the River Nile, 나를 향해 오는 작은 배에서 Beer Nile을 마시고 있더군요.

청년 (생각한다.) 내가 North Korean이었다면? 한 달 전 남한 대통령이 다녀가지 않았다면? 그랬어도 지금과 같았을까?

나일강 두바이를 경유하여 20시간이 넘는 시간을 달려와야 하는 아프리카 우간다에서 분단된 두 개의 Korea가 선명하게 보였던 거죠. 이집트를 향해 먼 여정을 시작하는 나에게 손을 담가보려 손을 뻗는 청년에게 보스코가 외쳤어요.

보스코 (급하게 제지하며) "크로커다일(Crocodile)".

나일강 청년도 놀라서 급히 손을 올리더군요. 새들도 날아올랐고요.

청년 ……

이양구

나일강　배에 탄 사람들과 악어는, 새들과 악어는 결국 서로 마주치지 않고 살아가는 게 가장 좋은 일이겠죠? 나의 안쪽을 할퀴며 유유히 헤엄쳐 다니는 악어들을 느끼며 나는 그런 생각을 했어요.

청년　마주치지 않고 살아갈 수 있다면 그렇겠지요. 그러나 날마다 마주 보지 않고는 살아갈 수 없는 관계라면 어떻게 해야 할까요? 나일강의 새들과 악어처럼, DMZ를 사이에 둔 남한과 북한처럼요.

　　　　　새들이 다시 바위섬으로 내려앉는다.

2장

압록강 새　극 중 시간은 2000년대 중반 어느 날
　　　　　무대는 중국 창바이와 북한의 혜산이 마주보고 있는
　　　　　압록강 중국 측 강변, 「당연한 바깥」의 막이 오른

2024년 여름 두산아트센터 Space111.

의사 역을 맡은 배우가 공연 전에 일찍 나와

몸을 풀고 있었지.

의사   (발성해 본다.) 그저 어디에나 있는 평범한 강

일 뿐인데. 그런 강을 보이지 않는 장벽으로

만들고 사람의 목숨을 통행료로 받아내는, 그

런 이상한 나라는 누가 만든 걸까요? (다시 반

복한다.)

압록강 새   그때 짙은 초록빛 옷을 입은 압록강이 말을

했어.

압록강   어디에나 있는 평범한 강이라고요? 나는 백

두산에서 발원해서 서해까지 흘러가는 한반

도에서 가장 긴 강이에요.

압록강 새   의사는 압록강의 목소리를 듣는지 못 듣는지

자신이 나고 자란 혜산 쪽을 바라보며 대사를

반복했지.

사실 압록강은 배경일 뿐 등장인물은 아니라

서 대사는 없지만

목소리까지 없는 건 아니니까

압록강   저 사람은 북한의 양강도 혜산 출신으로 90년

대 중반 '고난의 행군' 시기에 살아남기 위해 엄마와 함께 중국으로 넘어갔어요. 이후 남한으로 넘어가 의사까지 됐지만 북에 두고 온 아버지가 죽어 간다는 소식에 임종이라도 보기 위해서 재입북을 하려는 사람이죠. 이대로 임종도 보지 못하고 아버지가 죽는다면 죄책감에서 벗어나지 못한 채 살아갈 것이 두려워 마지막으로 아버지를 만나려고 해요. 가족을 위해서 국가가 금지한 경계를 넘는 거예요.

압록강 새 그때 국정원 요원 역을 맡은 서진도 나와서 몸을 풀면서 대사를 연습했어.

서진 (의사를 향해) 월경은 불법입니다!

압록강 아, 저 사람은 서진인데, 중국에서 활동하고 있는 국정원 요원이에요. 원래는 의사가 압록강을 넘는 걸 막거나 국가보안법 위반으로 체포해야 하지만, 의사의 사연을 듣고 심각하게 흔들리고 있어요. 국가의 법과 인간의 도리 사이에서 갈등하고 있달까요? 하지만 그는 그런 내면의 갈등을 지우려는 듯 큰 소리로 외치는 거죠. 나를 건너는 것은 불법이라

고요. 그렇지만 의사는 의사대로 국경을 넘어
야 하는 이유가 있는 거죠.

의사   나는 거기서 왔기 때문에 거기서 살았던 경험
이 없었던 것처럼 살 수가 없어요!

압록강 의사는 남한으로 이주해 '독립'해서 살고 있
다고 생각했지만 북한에 두고 온 아버지가 죽
어 간다는 얘길 듣고서야 깨달은 거예요. 독
립해서 산다는 게 서로가 영원히 잊고, 죽을
때까지 만나지 않고 살아가는 게 아니라, 오
히려 그 반대라는 걸 말이에요. 서로가 연결
될 수밖에 없다는 걸 자각하고 그 관계를 분
명히 하는 데 있다는 걸 말이죠.

의사   …….

압록강 새 압록강은 중국과 북한의 국경이지만 실제로
는 남한과 북한의 경계도 되는 셈이네요. 남
한 사람이 아닌 이상 도강증만 있다면 누구라
도 합법적으로 강을 건널 수 있으니까요. 저
의사는 '탈북'해서 남한으로 이주했기 때문에
압록강을 건너 북에서 잡히면 처벌을 받게 될
거예요. 그때 서진이 연습하고 있는 대사가

들려왔어요.

서진   나는 그 사람을 만났기 때문에 만나지 않았던 것처럼은 편히 잠들기 어려워진 것 같습니다.

압록강 새   서진은 결국 의사의 월경을 묵인하고, 그 책임으로 '본국'에 송환되어 조사를 받게 돼요. 저 대사는 조사를 받는 과정에서 하는 진술이고요.

의사   (압록강에게) 당신에게도 악어가 사나요?

압록강   아뇨. 그렇지만 내가 악어보다 더 무서운 존재가 된 것 같아요. 도강증 없이 건너려는 사람들에겐 말이에요.

의사   당신은 정말 날카로운 이빨을 가졌네요.

압록강   나는 이빨이 없어요.

의사   이렇게 많은 사람들이 물어뜯기는데요?

압록강   물어뜯는 건 내가 아니에요. 그건 반나절이면 걸어서도 건너갈 수 있는 길을 막고 중국과 동남아시아를 경유하는 '탈출 경로'를 통해야 겨우 다닐 수 있도록 만들어 버린, 이상한 나라의 이빨이죠. 나는 물어뜯겨 피가 흐르는 사람들의 상처를 씻겨 줄 뿐이에요.

의사   (대사를 다시 반복 연습한다.) 그런 강을 보이지
않는 장벽으로 만들고 사람의 목숨을 통행료
로 받아내는, 그런 이상한 나라는 누가 만든
걸까요?

3장

압록강 새   2022년 5월 두산아트센터 앞
「당선자 없음」 공연 포스터가 붙은
옥외 광고물 아래 잔디밭
고양이들이 낮잠을 자고 있었지
종로 5가 두산아트센터 주차장 건너편
수백 년 된 은행나무가
삼양그룹 빌딩 앞에 서 있었어.

은행나무   (건너편을 보다가) 「당선자 없음」이 이번 공연
제목인 거죠?

고양이   네.

은행나무   제목이 특이하네요.

고양이   좀 그렇죠.

은행나무   무슨 얘긴데요?

고양이	제헌헌법 얘기예요. 1948년 7월 17일 제정된 대한민국 헌법요.
은행나무	아, 그거?
고양이	아세요?
은행나무	그럼요. 그때 국회의장이었던 이승만 박사가 저기 이화사거리 건너 이화장에 사셨잖아요.
고양이	그때 기억이 나세요?
은행나무	원래는 제헌국회에서 의원내각제로 가려던 걸 이 박사가 대통령제가 아니면 아무 역할도 안 하겠다고 버텨서 대통령제로 바뀐 거 아니에요?
고양이	그 얘기도 나오더라고요. 연극에. 신생 독립국가 대한민국이 뿌리를 잘 내리려면 어떻게 가야 하는가 논쟁이 치열했더라고요.
은행나무	공연을 봤어요?
고양이	보여 주겠어요? 보고 나온 사람들이 하는 소릴 들었죠.
은행나무	제목이 왜 하필 '당선자 없음'이에요?
고양이	극 중에 이런 대사가 나온대요.

극 중 배우들이 두산아트센터 Space111
소극장 무대에서 공연을 하고 있다.

상영   그리고 얼마 후 대한민국 제헌헌법이 공포되고 헌법에 따라서 대한민국 정부가 수립되었습니다. ……그런데 그거 아십니까? 그해 8월 15일 대한민국 정부수립 국민축하준비위원회가 주최한 정부수립 기념 표어 현상 모집에 4,353편이 응모되었습니다. 하지만 1등은 뽑지 않았습니다. 당선자가 없었던 거지요. 2등이 '오늘은 정부 수립 내일은 남북통일'이었고, 3등은 '새나라 새살림 너도 나도 새일꾼', 에— 또 '받들자 우리 정부 빛내자 우리 역사'였지만 1등은 없었습니다.[1]

피디   왜 1등 당선자가 없었죠?

교수   모르겠어요. 저도 거기까지는. 그렇지만 저 2등을 1등으로 뽑기는 어려웠을 것 같아요.

피디   왜요?

[1] 「당선자 없음」 극 중 상영의 대사. 표어 공모 관련 내용은 김삼웅, 『현민 유진오 평전』(채륜, 2018), 121쪽을 참조.

          이양구

교수	분단을 인정하고 있는 말이잖아요. 반쪽짜리 정부라는 걸 인정하는 말이라서.
은행나무	이렇게 이상한 나라를 만든 분단에 대한 얘기 군요.
고양이	맞아요. 그렇지만 아직은 두 개의 나라로 갈라질 거라고 예상도 못 했던 시기의 얘기죠. 해방 직후인 1945년에서 1948년까지가 배경이거든요.
은행나무	공연은 재미있나요?
고양이	저는 못 봐서……. 작가가 법 공부한 티를 너무 낸다는군요.
은행나무	법학을 전공했다면서요?
고양이	어떻게 아세요?
은행나무	가끔 와서 나를 보고 가요. 어릴 때부터 삼양 라면 좋아했다던데.
고양이	그랬군요.
은행나무	근데 저 상영이란 사람 친일파 아닌가요?
고양이	맞아요.
은행나무	저 사람 조선총독부에서 농상과장을 했던 최

하영 맞죠?

고양이   맞아요. 최하영은 1945년 8월 해방이 되자 '민족의 죄인'으로서 처단당할 날만을 기다리며 장인의 집에서 숨어 지내다가 어느 날 임시정부에서 걸려온 전화를 받아요.

은행나무   장인 집이 저기 대학로 명륜동이잖아요. 왜정 때부터 지나다니는 걸 내가 많이 봤죠.

고양이   그렇군요. 1945년 12월 최하영은 처단당할 줄 알고 나갔다가 만난 임시정부 내무부장 신익희로부터 장차 수립될 대한민국의 헌법을 비롯하여 입법, 사법, 행정 등 각 분야에서 수립 시행해 나갈 법 제도적 기초를 정비해 달라는 부탁을 받았어요.

은행나무   친일파들에게 그런 일을 맡겼다는 거네요?

고양이   지은 죄를 씻으라는 거였죠.

은행나무   …….

고양이   신익희 입장에서는 그렇게 전문적인 일을 그때 또 누구에게 맡길 수 있었겠어요?

은행나무   …….

고양이   최하영과 고등고시 출신 50여 명이 모인 행정연구위원회가 이 일을 마친 것이 이듬해인 1946년 3월 1일이었어요. 이들이 만든 한국 헌법 초안의 특징은 국회, 정부, 법원 같은 국가 조직을 먼저 규정하고 자유와 권리, 즉 기본권을 나중에 규정한 점이에요. 식민지가 되어 나라를 빼앗겼다가 되찾은 사람들의 생각, 그러니까 '독립된 국가가 있어야 국민 개개인의 자유와 권리도 있을 수 있다'가 반영된 것으로 보여요. 나중에 행정연구위원회에 합류한 유진오는 이 순서를 바꾸어 기본권을 먼저 규정하고 국가 조직을 뒤에 규정한 후 제헌국회에 제출했어요. 국가란 국민의 자유와 권리를 지키기 위해서 있는 것이지 그 반대는 아니라는 생각을 반영한 것이죠. 행정연구위원회와 유진오가 합작한 헌법 기초안은 제헌국회에 제출되어 신생 독립국가 대한민국 정부를 수립하는 밑바탕이 됐다는군요.

은행나무 그럼 뭐 합니까. 그사이 북쪽에는 또 다른 헌법이 만들어지고 또 다른 나라가 생겨 버린 걸. 내전이 3년이나 계속되는 동안 이리 피난

가고 저리 피난 다니느라 내 식구가 어디로 가서 죽었는지, 살았는지도 모른 채 분단이 되고 만걸요.

고양이   …….

은행나무   내 그늘 밑에서 쉬다 간 사람들의 한숨 소리가 지금도 들리는 것 같네요. 분단된 뒤로는 정부 비판을 하는 사람이 있으면 북한을 이롭게 한다고 잡아가고 했으니 참 독재 정부가 오래도 갔지요. 민주니 평등이니 하는 당연한 요구도 억압하고 차별했어요.

고양이   수백 년을 사셨으니 그걸 다 지켜보셨겠군요.

은행나무   그랬죠. 분단이 또 다른 분단을 낳는달까요?

고양이   네. 그런데 정말 먼 옛날얘기 같네요.

은행나무   멀리 있다기보다는 날마다 발 디디고 있는 지반이라고 봐야죠.

고양이   지반이요?

은행나무   네. 지반은 흔들리거나 갈라지기 전에는 느껴지지 않지만 일단 균열이 가는 순간 일상의 모든 것을 뒤흔들어 버리잖아요. 뿌리뽑히는 거죠.

이양구

고양이   ……. (갑자기 일어난다.)

은행나무   왜요?

고양이   지하철 지나가는 소리네요.

은행나무   나도 날마다 느끼고 있어요. 뿌리 깊은 곳으로 전해져 오는 땅의 떨림을요.

4장

압록강의 새들이 나일강의 바위섬에 도착한다.
잎사귀 없는 하얀 나무에 다닥다닥 붙은
나일강 새들이 날아오르고,
압록강에서 온 새들이 그 자리에 앉는다.

압록강 새   짧지만 이렇게 같은 무대에 서게 되어서 반가워요.

나일강 새   우리도 반가워요. 사람들도 오가며 교류하는데 우리라고 만나지 못할 까닭이 뭐가 있겠어요.

압록강 새   맞아요. 게다가 우리는 바다로 연결되어 있잖아요.

나일강 새   그렇죠. 나일강은 지중해로 가요.

압록강 새   압록강은 황해로 가서 태평양으로 가요. 그렇
지만 그거야 사람들이 정한 이름일 뿐이죠.

나일강 새   물은 끊어지지 않으니까요.

압록강 새   나일강은 정말 바다처럼 넓네요?

나일강 새   그쪽은 하늘 높은 곳에 호수가 있지 않나요?

압록강 새   하늘의 호수라고 불러요.

나일강 새   어떻게 그렇게 높은 곳에 호수가 생기게 된
걸까요?

압록강 새   아주 먼 옛날 화산이 폭발했대요. 한반도에서
가장 높은 산이 생겨나고 거기서부터 황해까
지 강물이 흐르게 된 거죠. 동쪽으로는 두만
강이 북쪽으로는 송화강이 흘러가죠. 내가 태
어나기도 전부터 강은 흘렀고 내가 죽은 뒤에
도 저 강은 흘러가겠죠. 지반이 그대로 있는
한 말이에요.

나일강 새들이 노래한다.

나일강 새   지반은 그대로 있어도

우리의 젊은 몸이
조금씩 쓸려가 저 아래 하구 어딘가에
퇴적되겠지요 강물에 모래처럼

압록강 새들이 노래한다.

압록강 새　그래서 당신들은 그렇게
나뭇가지 끝에서 말라 버린 잎사귀처럼
다닥다닥 앉아 계셨던가요?
바람의 강물이 쓸어갈 때까지
소스 오브 더 나일 여기서
이제 막 흐르기 시작하는 강물에
떠나가는 깃털을 보면서

나일강 새들이 노래한다.

압록강 새　세상에는 황해에서 만나는 황하처럼
티벳 초원을 덮은 풀 끝에 맺힌
물방울들이 초침처럼 떨어져
하나로 흘러가는 강물도 있지만

하늘의 작은 호수 천지나
바다처럼 큰 호수 소스 오브 나일에서
한 방울 한 방울 흘러내려가는 강물도 있네요.

새들이 함께 노래한다.

함께　그런데 당신과 나는 어디서 어떻게 만나 흘러
가는 걸까요?
우리는 바다에 이르러서도 서로를 만나지 못
하는 걸까요?
사람도, 사람이 만든 인연도
가족이니 사회니 국가나 이름은 달라도
결국엔 강물처럼 흘러가서
댐을 넘어 바다에 이르는 걸까요?
그래서 우리는 죽은 사람의 유해를
바다에 뿌리곤 하는 걸까요?
우리는 모두가 하나의 바다에서 흘러왔다가
겨울날 아침 압록강 하구에 떠오르는 얼음의 조
각들처럼
저마다 속도로 돌아가는 중일까요?

　　　　　이양구

우간다를 지나가는 적도 아래로 뜨는 별처럼

밤이 되어도 서로의 마음에 뜬 별을 볼 수 없

는

날들이 계속될 때도

노래가 끝나고 새들의 군무가 시작된다.

새들은 하나의 무리로 섞여서 날아오르다가

강물처럼 같은 방향으로 혹은 반대 방향으로

흘러가다가 다시 하늘로 날아올라

초원의 풀 끝에 이슬로 서서히 맺히다가

후두두둑 하늘로 떨어져 내리며

다시 저마다의 먼 강으로 흘러간다.

그러기를 몇 번을 반복하다가.

막.

Q 지금 나를 가장 구속하는
관계는 무엇인가요? 그 관계가
답답한 이유는?

Q 그 관계에서 독립한 후에
새로 만들고 싶은 관계는 어떤
모습인가요?

A 신경 치료를 받고 있는 왼손
새끼손가락과 약지. 물리적으로든
은유로든, 깨물어서 안 아픈
손가락 없다는 속담을 실감하고
있습니다.

A 새끼손가락과 약지의 감각을
느끼며 살고 싶습니다.

래퍼들의
갤럭시

송재홍

송재홍 서울대 인류학과에서 「지방도시에서 래퍼로 살아가기: 대구 래퍼의 라이프스타일 형성과 상호 존중에 관한 민족지적 연구」로 석사 학위를 받았다. 가족이나 회사 같은 공동체에 속해 있지 않음에도 마음이 맞는 타인들과 함께 새로운 삶의 형태를 생산해 내는 이들에게 관심이 있다.

서로 의존하면서 「독립」하는 래퍼들의 삶의 방식 연구

중학교 3학년. 좋은 고등학교와 좋은 대학교 그리고 좋은 인생을 향해 쭉쭉 나아가야 한다고 믿어야만 했던 시절, 나는 힙합 음악에 흠뻑 빠졌다. 컴퓨터로 간단히 작곡할 수 있는 프로그램을 설치해 밤새도록 독학하며 놀았다. 일기장에 랩 가사를 적는 취미도 생겼다. 하지만 주변 친구들과 마찬가지로 음악을 향한 열정은 마음 한구석으로 치워야만 했다. 부모님은 래퍼가 되고 싶다는 내 꿈에 회의적이었고 부모님을 설득하지 못한 나 또한 내 실력을 믿지 못했다.

돌이켜보면 당시에 힙합으로 함께 놀 수 있는 새로운 친구들과 적극적으로 교류하면 어땠을까 하는 아쉬움이 든다. 어떤 친구들은 같은 기로에서 힙합을 택했을 테고, 그중에 누군가는 오늘날까지도 그 길을 걸어가고 있을 것이다. 무엇이 이 갈림길을 선명하게 드러내는 걸까? 랩을 계속하며 살아가는 젊은 래퍼들은 어떻게 그게 가능했을지 궁금해졌다.

래퍼들에게 힙합이란 특정 나이에 도달하거나 금전적 안정을 원할 때 포기할 수 있는 음악에 국한되지 않는다. 힙합이란 애정과 열정이 있는 힙합인이라면 누구나 체화할 수 있는 심상이자 라이프스타일이다.[1] 그러나 힙합인과 래퍼는 분명 다르다. 래퍼들은 불안정한 현재와 불확실한 미래 앞에서 래퍼이기 위해 또는 래퍼가 되기 위해 자신의 랩 실력에 대한 확신과 타인의 인정이 필요하다.

힙합이 좋아 랩 음악을 듣던 사람은 직접 쓴 랩 가사로 자신만의 래핑을 하면서 래퍼가 되어 간다. 이 여정에서 어떤 래퍼는 오늘날의 승자독식 체제에서 살아남아 '유명해진' 소수만이 래퍼답다고 생각할 수 있다. 그리고 어떤 래퍼는 랩과 힙합을 통해 자신의 삶을 바꿀 수도 있다. 랩으로 돈뿐만 아니라 관계를 버는 방식

[1] Myoung-sun, Song, *Hanguk Hip Hop: Global Rap in South Korea*(University of California, 2019), p.17.

으로, 힙합에서 생존뿐만 아니라 삶의 또 다른 의미를 찾는 방식으로.

성공을 향한 나르시시즘적 추구

래퍼는 힙합을 대표하는 하나의 캐릭터다. 한국에서는 이러한 경향이 더욱 두드러져 랩 음악이 힙합을 구성하는 요소 중 가장 큰 부분을 차지하는 것이라 여겨지게 되었다. 특히 래퍼들이 타인의 시선에 구애받지 않는 자신만의 기준과 철학이 확고한 개인으로 인식되면서부터 힙합은 종종 스스로 옳다고 생각하는 걸 자기 책임하에 솔직히 표현하는 정신으로 재현되기도 했다. 힙합은 공동체적인 놀이 문화에서 시작했지만, 적어도 한국에서 래퍼는 '소신 있는 개인'을 추구하는 존재가 되었다.

경연프로그램 「쇼미더머니」는 한국 래퍼가 성공할 수 있는 확실한 수단 중 하나다. 방송에 출연하기만 한다면, 우승하지 못할지언정 자신의 독특한 매력을 발산할 기회를 얻는다. 쇼미더머니의 성공 신화를 뒷받침하는 건 지원자들을 평가하는 프로듀서들의 존재다.

프로듀서로 출연하는 래퍼 대부분은 '랩스타'로 칭해진다. 그들은 대체로 흥행에 성공한 음반을 가지고 있고 인지도가 높은 래퍼들로 이루어진다.

많은 젊은 래퍼들은 '랩스타'가 되기 위해 개인 작업실에서 분투한다. 음악을 상품화할 수 있는 기술이 발달하면서 작업실의 사용 가치는 급증했다. 편안하고 고독한 이 안식처는 종종 탈의례적이고 탈상징적인 '작업장'이 된다. 작업장의 모토인 '협력'은 온라인 안으로 흡수되고, 래퍼들은 이제 사운드클라우드 같은 온라인 플랫폼에서 서로를 확인한다. 작업실의 사회적 가치는 음반이나 음원을 통해서만 증명된다.[2]

물론 '온라인 힙합'의 사회성은 분명히 존재한다. 한국 힙합의 독특성은 온라인 소통에서 잘 나타난다.

[2] 리처드 세넷, 김병화 옮김, 『투게더』(현암사, 2013), 101~115쪽. 세넷에 따르면 인류사에서 작업장은 단순히 물건을 제작하는 곳에 그치지 않는다. 이는 장인들의 정치적 자율성이 시작되고 여러 의례적 연대를 세공하는 장소였다. 즉 "고대 이후 작업장은 지속적 협력의 모델이었다." 현대적 의미의 '작업장(workshop)'이라는 아이디어를 처음으로 발명한 영국의 사상가 로버트 오웬은 "과학 실험실"이 작업장의 현대 버전이 될 것이라 예견했으나 그것이 가설에 대한 기계적 실험을 반복하는 공장 스타일의 실험실이 될지, 집단적 놀라움과 발견에 개방된 실험실이 될지는 미지수였다. 나는 래퍼의 개인 작업실 또한 같은 기로에 서 있다고 본다.

송재홍

사운드클라우드에 습작을 올려 서로 피드백을 주고받거나 타인의 작업물을 독창적으로 믹싱하여 영상과 함께 재밌게 편집하는 흥미로운 놀이 문화가 있다. 하지만 힙합에 활력을 부여하는 또 다른 요인은 게토와 같이 사회문화적으로 소외되고 황폐화된 삶을 즐거움으로 바꾸는 힘이다. 힙합은 오프라인과 온라인을 가로지르며 삶의 총체적 변형을 일으킨다.

1990년대부터 한국에 힙합이 자리 잡은 역사를 살펴보면, PC 통신을 필두로 하는 초지역적인 연결망과 함께 서울 홍대를 비롯한 각 지방 광역 도시에서 '로컬 신(scene)'이 발전했음을 알 수 있다. 역설적이게도 「쇼미더머니」의 성공은 그전까지 지역마다 팬덤이 존재했던 힙합신의 경관을 송두리째 바꿔 놓았다. 국지적인 신의 활기는 사라지고, 스펙터클한 방송의 힘은 고도로 중앙집권화된 장을 형성했다. 래퍼들에게 성공을 향한 욕망과 경쟁을 추동하는 중력장은 자본주의의 현실을 노골적으로 반영한다.

자수성가를 향한 열망에는 성공한 래퍼의 모습이 담겨 있다. 랩 가사의 많은 주제가 능력주의를 체화하여 자신의 성공을 미리 그린다. 힘든 처지에 있는 래퍼들에 대한 존중은 없다. 존중의 자격은 쇼미더머니의 합격 목걸이처럼 자기를 증명한 사람에게만 주어진다. 이러한 배경에서 래퍼에게 개인 작업실은 "생산 강제"[3]의 공간이 되기 쉽다. 나는 이렇게 끝없는 생산을 통해서 자신의 생산성을 증명하지 못하면 불안해하는 심리를 '작업실 정신'이라 부르고 싶다. 이는 래퍼가 스스로 생산을 강제하면서 작업물을 자기 존중만을 위한 토대로 활용하는 나르시시즘을 의미한다.

대구의 프리스타일 사이퍼

랩의 완성은 작사나 작곡이 아니라 공연에 있다. 공연은 말과 생각에서 고정되는 것들을 끊임없이 움직이게 만드는 행위다. 랩은 문자와 공연 사이를 오간다. 나는 이를 좀 더 명확히 구별하기 위해 '래핑'이란 단어를 선호한다. 한국 래퍼에 관한 연구는 주로 그들의 가사에 주목했지만 애초에 래핑 없이 랩은 존재하지 않는다. 이런 의미에서 마이크는 그저 녹음 기기나 가사를 음성

[3] 한병철, 전대호 옮김, 『리추얼의 종말』(김영사, 2018), 22~25쪽.

송재홍

화하는 도구가 아니다. 래퍼의 마이크는 래퍼의 정체성을 공연마다 살아 움직이게 하고, 수많은 대중과 공연자를 하나의 몸짓으로 만드는 마술적인 힘을 가지고 있다. 많은 래퍼는 공연 무대를 열광하는 하나의 사회적 집합체로 만들어 내는 꿈을 꾼다. 래퍼를 일컫는 또 다른 명칭인 'MC'가 마이크를 잡은 사람(Microphone Controller)뿐 아니라 의식을 관장하는 사람(Master of Ceremonies)을 뜻하는 이유다.

나는 석사 논문을 위해 대구에서 현장 연구를 했다. 꿈을 실현하기 전 단계에 머무른 래퍼들은 래퍼의 삶을 지속하고자 무얼 하고 있을까? 마이크가 녹음 수단으로만 전락하기 쉬운 현실에서, 대구의 젊은 래퍼들은 개인 작업실에만 머물지 않았다. 그들은 자신의 목소리만으로 공연할 수 있는 대안의 공간을 창출했다. 공연장과 무대 그리고 조명이 필요 없는 공간, 바로 '프리스타일 랩 사이퍼'였다.[4] 사이퍼는 래퍼들이 힙합

---

[4] 사이퍼는 특정 공간에 여럿이 둥그렇게 모여 랩이나 춤의 즉흥적인 프리스타일을 펼치는 행위다. 랩의 다양한 교육적 전용을 시도하는 래퍼 박하재홍은 사이퍼가 겉으로는 거칠어 보여도 온정 있고 자비로운 '힙합의 마음'을 전달한다고 말한다. "모두의 마음에 내포된 '경쟁심'을 이용해 모두에게 기회, 성장, 연결을 가능케 하는 사이퍼는 험한 욕설이 오가는

과 랩을 온몸으로 느낄 수 있는 장소 중 하나다. 이를 위해 마련된 규칙은, 미리 작성한 가사로 랩을 하는 것이 아니라 그 자리에서 즉흥 랩을 해야 한다는 것이다.

처음으로 대구의 프리스타일 사이퍼에 참여했을 때가 떠오른다. 대구 중구의 국채보상운동기념공원에서 열리는 사이퍼 소식을 나는 '대구 사이퍼'라는 이름의 카카오톡 오픈채팅방을 통해 알게 되었다. 그날 나는 무섭게 생긴 젊은이들이 둥글게 모여 침을 튀겨 가면서 언어적 공격을 주고받는 상황을 떠올리며 공원을 향해 걸었다. 젊은이 다섯 명이 공원의 벤치를 둥글게 둘러싸고 래핑하고 있었다. 벤치에는 자그맣고 둥근 초록색 스피커가 놓여 있었다.

예상과 달리 이들의 프리스타일 랩은 공격적이지 않았다. 자기 삶에 대한 토로와 불만, 후회와 반성이 뒤엉킨 이야기들이었다. 이 자리가 아니고서는 어디서 이야기할 수 없을 정도로 일상적인 것들이었다. 진솔한 이야기는 어느새 나를 그들의 삶 속으로 초대했다. 하지만 목소리에 묻어 나오는 삶의 면면에 빠져 있을 수

싸움조차 창조적인 놀이로 바꿔 버린다." 박하재홍, 『랩으로 인문학 하기』(슬로비, 2016).

송재홍

만은 없었다. 나도 스스로에 대해 랩으로 말해야만 했기 때문이다. 처음 예상했던 '랩 배틀'보다 더 당혹스러웠다.

힙합에 관심이 있는 사람이라면 누구든 사이퍼에 참여할 수 있다. 그렇다고 개방성이 언제나 유지되는 것은 아니다. 불문율에 따라 참여자들은 사이퍼의 흐름에 도움되지 않는 '이방인'이 출현할 때 스타일과 태도를 공격하고, 그 호응에 따라서 성원으로 받아들이거나 내쫓기도 한다. 이러한 과정을 통해 힙합이라는 이름의 상호 인정과 상호 존중이 실현된다. 사이퍼는 어린 래퍼들이 선배의 랩과 힙합 문화를 직접 보고 배우는 학습의 자리다.

마이크와 공용 스피커

사이퍼가 이루어지기 위해서는 최소한 '비트'와 '목소리'가 필요하다. 현장에 비트박스를 잘하는 사람이 없다면, 비트를 트는 스피커가 필요하다. 목소리는 래퍼들이 채운다. 댄서들의 경우 몸짓이 목소리가 된다. 스마트폰이 발명되기 전에는 카세트테이프를 넣는 휴대용 붐박스가 필요했으나 지금은 휴대폰과 블루투스 스피커면 충분하다. 몇몇 참여자는 개인 스피커를 가져오기도 한다. 하지만 대구 래퍼들은 웬만하면 '공용 스피커'를 사용하려고 했다. 스피커를 가진 사람이 사이퍼를 책임진다. 대체로 자주 개최하는 래퍼가 스피커를 구매하나 상황에 따라서 스피커의 소유 및 관리는 다른 사람에게 옮겨진다. '책임의 순환'이라 할 수 있는 호혜적 교환이 사이퍼의 생성 조건을 이룬다. 스피커는 참여자들 사이를 순환하며 사이퍼를 '공동 책임'의 문제로 만든다.

　한편 마이크는 래퍼의 단독성을 표상하는 상징이다. 작업물의 인기가 공연의 규모를 키우기에 래퍼의 힘은 누가 더 많은 관객을 자신의 단독성 안에 포섭하느냐에 따라 결정된다. 대규모의 힙합 공연이 원시 종교 집단의 열광을 연상케 하는 건 우연이 아니다. 단독성에는 힙합의 존재를 온몸으로 느끼고 믿게 만드는 마력이 있다. 하지만 마이크의 단독성은 독단의 함정에 빠지기 쉽다. 특히 자극적인 예능 요소로 활용되곤 하는 '디스전'은 랩을 독단의 경쟁 수단으로 재현한다. 자기 소신을 지키기 위해 상대방의 소신을 깎아내리는 디스전에서는 상대의 디스(diss, 깎아내리기)가 아무런 흠집도 남기지 않았다는 쿨한 태도를 유지한 채 재치 있고 기술적으로 훌륭한 펀치라인[5]을 날려야 한다. 그러나 재미는 참여한 래퍼들보다는 콜로세움의 관객들 것이다. 래퍼들은 각자의 소신을 숭배하기 바쁘며, 남의 래핑을 듣지 않는다. 실제로 텔레비전이나 온라인에서의 디스전은 대화처럼 핑퐁의 형식을 띠지 않는다.

디스전과 달리 사이퍼는 아직 마이크의 마력을 충분히 활용하기 어려운 래퍼들에게 집단적 몰입을 가능케 하고 사회적 공연을 생성할 힘을 준다. 사이퍼의 참여자들은 모두가 관객이자 공연자가 되며, 대화적 교환을 통해 직접 래핑한다. 사이퍼는 디스전 같은 승자독식의 형식을 띠지 않는다. 디스전은 주로 친구를 적으로 만들지만, 사이퍼는 적을 친구로 만들 수 있다. 사이퍼에서 중요한 것은 상대방에 대한 순간적이고 재치 있는 반응이다. 이를 위해서는 무엇보다 상대의 래핑을 잘 듣고 있어야 한다.

[5] 동음이의어를 사용한 중의적 표현이 담긴 구절을 의미한다. 지금은 '동음이의어'로 그 용례가 굳혀졌으나 사실 본래 의미는 주먹을 맞은 듯한 느낌을 주는 가사나 글, 즉 '촌철살인' 정도로 볼 수 있다.

공격, 중재, 전환

장맛비가 쏟아지던 어느 토요일. 공원의 농구장에 설치된 천막에서 개최된 사이퍼에는 나를 포함해 총 여덟명의 래퍼가 참여했다. 그중 래퍼 A와 B는 당장 돈이 안 되는 랩 음악에 투자한 비용을 주제로 래핑하다 서로를 공격했다. A는 자신이 들인 비용에 자긍심이 있음을 주장했지만, B는 랩을 하려고 돈 번다는 게 얼마나 부질없는 현실인지를 냉소적으로 비판했다. 이어서 B는 래퍼보다는 대학에 입학한 문학도라고 자신의 정체성을 주장했고, A는 그걸 이중적인 태도라고 공격했다. 래퍼 C는 이들의 디스를 중재하기 위해 양자를 공격하면서도 주제를 능숙하게 전환했다.

래퍼 C   나도 대학 안 갔어. 새꺄. 체고 복싱만 했으니까. 내 앞에서 공부 얘기 좀 하지 마. 나는 이런 것 신경 안 쓰고 내 걸 한다고. 요즘 유행하는 것과는 완전히 다른 타이틀에서.

하지만 A와 B는 서로를 향한 공격을 멈추지 않았다.

송재홍

래퍼 A   그래 B가 말했지. "공부 좀 하라고." 랩을 얼마나 멍청하게 했으면 포기하냐? 나처럼 똑똑하게 해야지. 너도 배워야 해. 넌 XX한테도 인정 못 받았지. 네가 상위 90퍼? 내 상의는 사천이백 원. 어쩌라고 난 계속 돈 벌어.

래퍼 B   일반인을 랩으로 까는 꼴 잘 봤고요. 난 이제 래퍼 아냐 형. 날 왜 까? 랩 안 한다니까 이젠. 나는 래퍼가 아니라 시인. 래퍼는 이제 절대 안 해. XX한테 인정받은 거 부럽다. 나는 서울 가서 시나 쓰고 돈 받아야지.

반면 D는 평소에 B가 좋아했던 음반 제목을 라임에 넣어 공격했다.

래퍼 D   (래퍼 B가 래핑하는 도중에 끼어들며) yeah 계속 말해 일반인. 이 새끼 집에 가서 이센스 「이방인」 들으면서 "쩐다!"라고 말하는 거 누가 모르겠니?

래퍼 B   리스너랑 플레이어의 차이를 좀 깨달아라.

네가 플레이어라 이해가 안 되겠지만, 난 지금 리스너. 일반인. 그런데 그게 딱 너의 위치. 나랑 똑같지. 네가 뭐 앨범 낸 거 있어?

갑자기 공용 스피커의 비트가 끊겼다. 블루투스 스피커와 연결된 핸드폰에 다른 래퍼의 전화가 걸려 왔기 때문이다. 그사이 래퍼들은 대화를 나눴다.

래퍼 A   B가 타격감이 좋아.

래퍼 B   까불고 있네.

래퍼 A   헤헷.

래퍼 D   우리 한 번만 더 까불까?

래퍼 B   얼굴이 울그락푸르락 좋네요.

나   (웃음)

래퍼 A   예 저희 잘 맞거든요.

래퍼 B   잘 '맞을 것' 같아요.

래퍼 C   때리는 건 제가 가장 잘합니다.

다시 비트가 흘렀다. 이번에는 래퍼 C가 상황을 정리하면서 디스의 특수한 상황이 의미하는 바를 모두

송재흥

의 보편적인 상황으로 바꿔 놓았다.

> 래퍼 C   분노로 가득 찬 말들. 다들 뱉어대던데. 인
> 신공격 같은 거 하지 마라. 누구 인생이 더 X 같은가
> 대회를 열자고 나온 자리잖아. 그런 것들은 랩에다
> 담곤 하지. 물론 더 심각한 얘기들도 많아. 그건 가사
> 속에다 쓸 예정. 딱 요 정도까지만 하고 그냥 랩으로
> 뱉고 재미를 느껴.

사이퍼는 자기 실존의 즉각적이고 감각적인 자원
화에서 비롯한다. 이들은 자기 삶으로 춤출 뿐이다. 따
로 놀면서도 군무 같은 일련의 래핑은 '목소리로 된 말'
의 비대칭적 교환으로 이루어진다. 각자의 소신에 따라
노골적으로 드러나는 차이는 열린 대화와 2차 표현으
로 이어진다. 사이퍼는 즉흥적이지만, 참여자 간의 여
러 차이와 불평등을 즐겁게 인정하는 방향으로 서로 결
속할 가능성을 머금고 있다.

공동 발견과 의존하는 독립

사회학자 바우만은 개인화된 사회에서 '말로 표현함'에 대해 다음과 같이 설명한다. "말로 표현하는 행위는 어떤 가능성들은 열어 주고 또 어떤 가능성들은 닫아 버린다. 우리 시대에 말로 표현되는 이야기들의 두드러진 특성은 사회가 작동하는 방식 및 수단과 개인의 운명을 이어 주는 연결고리들을 추적하기 어려운 방식으로 표현된다는 점이다." 그는 현대 사회에서 말로 표현하는 행위를 양가적으로 보고 있으나 그럼에도 "자신의 삶에 의미와 목적을 부여하려고 애쓰는, '점점 더 개인화되어 가는 개인들'이 처해 있는 여건이 바뀔 때마다 이를 다시 말로 표현하려고 지속적으로 노력을 기울이는 일"은 "중요한 임무"라고 주장한다.[6]

바우만은 그러한 "임무"의 수행을 '사회학자의 소명'에서 찾는다. 하지만 나는 대구의 래퍼들이 그 임무를 의도치 않게 수행하는 것을 목격했다. 제일 중요한 실천은 듣고 느끼는 것이다.

[6]   지그문트 바우만, 홍지수 옮김, 『방황하는 개인들의 사회』(봄아필, 2018), 20~24쪽.

송재홍

가령 사이퍼의 주제는 밥값이나 담뱃값도 못하는 신세에 대한 한탄, 상하차 알바하다 다친 몸의 건강 문제와 코로나 감염 걱정, 4년 동안의 '랩머니'보다 많이 번 종합격투기의 '파이트머니' 20만 원, 스스로 래퍼가 아닌 복서나 백수라 말하고 다니는 등 현실 문제로 가득 찼다. 래퍼들은 무엇을 듣고 있었던 걸까? 누군가는 천막 바깥에서 밀려오는 장마의 소음을, 누군가는 옆 사람의 래핑에 담긴 축축한 인생살이의 단면과 닮은 자신의 삶을, 누군가는 비트에 맞추어 머릿속에서 흐르는 자신의 예비적 래핑을 듣고 있었을 것이다. 소음과 침묵의 중첩 속에서 각자의 생각으로 침전하게 되는 순간, 모두의 주의를 집중시킨 것은 환호를 불러일으키는 펀치라인이었다.

래퍼 C   돈. 돈. 돈. 지갑. 머릿속의 고민 또 꿈. 꿈. 꿈. 하지만 이런 식으로 꾼 꿈은 결국 꾼 돈이 되어 버렸어. 몸 타투도 공짜로 받아. 내 인생 완전히 밑바닥처럼 보일지도 몰라. 인생길을 걸어가. 그러다 보면 뭔가 보일지 몰라. '약속의 장소'[7] 같은 거 말야. X 됐어 내 인생. 하지만 뭐 별수 없어. 사람들 다 비슷

해. 여기 다 마찬가지. 다들 걱정거리 뱉어대고 가면
돼. 걱정거리 같은 것 따위 다 비트 위에 실어가. 그러
면 뭐 어쨌든 간에 다들 실업자.

C의 래핑이 끝나자마자 사이퍼에 참여했던 전원
이 환호성을 내질렀다. 뜻밖의 발견을 했을 때의 감탄
사. 여운을 느끼느라 한동안 누구도 래핑을 이어가지
못했다. 프리스타일 랩에서 각운과 메시지 그리고 비트
가 절묘하게 맞아떨어지는 경우는 드물다. 하지만 극도
로 몰입된 사이퍼에서는 이러한 세렌디피티가 종종 나
타난다. 래퍼들은 그 짧은 순간에 '힙합의 실존'을 발견
한다. 추상적이고 불투명한 힙합은 래핑 과정에서 온몸
의 전율을 통해 참여자들의 마음속 깊이 각인된다. 인
류학도로서 사이퍼의 현장에 참여하고 있었던 나 또한
살아 움직이는 '한국 힙합'을 발견할 수 있었다.
　래퍼들과 함께 배운 것들에 대해, 나는 결국 한 명
의 단독적이고 독립된 인류학자로서 연구하고 글을 쓸
수밖에 없다. 마찬가지로 사이퍼에 참여했던 래퍼들도

[7]　한국 힙합의 1세대 래퍼 그룹인 '가리온'의 곡명이다.

　　　　　　　　송재홍

언제까지나 사이퍼를 지속할 수도, 그럴 필요도 없다. 그들 각자의 삶에 새겨진 힙합은 무슨 일을 하든 각자의 단독성을 이룰 지혜와 힘이 되어 줄 것이다. 나는 이러한 역설적인 현상에 모순적이지만 지극히 현실적인 이름을 붙여 주고 싶다. 의존하는 독립. 힙합에서 래퍼들과 내가 함께 배운 지혜는 이렇듯 서로 의존하면서도 독립하는 삶의 방식이었다.

심사를 통과하고 최종적으로 학위논문을 인준받고서, 나는 연구에 참여했던 래퍼들에게 감사의 마음을 표현하고자 직접 만나 인쇄된 논문을 선물했다. 시간이 흘러 대구의 한 옷가게에서 사이퍼가 개최되고 있다는 소식을 듣고 반가운 마음으로 참여했다. 낯익은 얼굴과 목소리가 비트와 함께 둥실댔다. 연구에서 중요한 정보를 제공했던 한 래퍼가 나의 논문을 주제로 프리스타일 래핑을 시작했다. 래퍼들 각자 서로에 대해 몰랐던 것을 논문에서 보여 주니 알게 됐다는 이야기, 논문이 놓치고 제시하지 못한 신의 향방 등에 대해. 나의 이름으로 출판된 논문은 어느새 사이퍼의 자원이 되고 있었다. 사이퍼 도중 나는 후속 연구에 필요한 질문을 떠올렸다. 나뿐만 아니라 모두가 자기만의 질문을 함께 발견하고 있었다.[8] 그건 공동의 미래이자 각자의 미래였다.

한때 래퍼가 꿈이었지만 지금은 의류업에 종사하는 옷가게 사장님, 랩보다 시에 헌신하게 된 문학도, DJ, 비트메이커, 인류학도가 함께 모여서 사이퍼에 몰입하는 모습에는 성공을 향한 나르시시즘적 추구가 끼어들 곳이 없다. 순수 독립에 대한 열망도 없다. 참여자 모두 독립된 개체로서 자신의 언어를 뱉고 이를 받아치기 위해 섬세하게 듣는 이 상호의존적 현장에서, 래퍼들은 힙합에 의존하는 독립을 배우고 실천하고 있었다. 그런 이들에게 힙합은 '랩스타'가 아닌 '랩갤럭시'다. 우리는 랩스타로 랩갤럭시를 수놓아야 한다. 그것도 멀리서 보면 결국 하나의 광원이다.

[8] Pina-Cabral, João de, "Two Faces of Mutuality," *Anthropological Quarterly* 86(1)(2013).

Q 지금 나를 가장 구속하는
관계는 무엇인가요? 그 관계가
답답한 이유는?

Q 그 관계에서 독립한 후에
새로 만들고 싶은 관계는 어떤
모습인가요?

A 사랑하는 관계. 사랑의 기술에
대한 숙련이 부족해서요.

A 여느 때와 마찬가지로
실패하는, 하지만 끝없이 다시
사랑하는 관계.

독립 너머 연립

김강기명

김강기명   서교인문사회연구실 회원. 베를린 자유대 철학과에서 「스피노자와 평등의 문제」를 주제로 박사학위를 받고, 경희대 비교문화연구소에 이어 강원대 인문과학연구소에서 전임연구원으로 일하면서 존재론과 정치철학의 상호 관계에 관심을 두고 연구를 진행 중이다. 「신적 폭력과 역사의 구원: 발터 벤야민의 메시아 정치신학」, 「유럽의회 선거와 좌파의 대응」 등의 논문을 썼고, 『잉여의 시선으로 본 공공성의 인문학: 위기의 지구화 시대 청(소)년이 사는 법』을 공저했다.

[독립]적일 수 없는 개체의 본질을 탐구하는 철학

모든 인간은 태어날 때부터 자유로우며 그 존엄과 권리에 있어 평등하다. 인간은 천부적으로 이성과 양심을 부여받았으며 서로 형제애의 정신으로 행동하여야 한다.[1]

오늘날 근대 세계에서 독립적 삶을 꿈꾸지 않는 사람은 많지 않을 것이다. 누군가에게 의존하지 않고, 홀로 서는 것. 그것은 곧 계몽 즉 성인 됨의 표지이고, 정치적 자유와 평등의 표지다. 독립을 꿈꾸는 이들에게 독립의 반대말은 억압과 보호다. 누군가의 보호와 억압

[1] 「세계 인권 선언」(1948).

아래, 즉 '타인의 권리 아래(alterius juris)'가 아니라 나 자신이 내 삶의 주인이고자 하는 욕구는 오늘날 매우 자연스러운 것으로 받아들여진다.

시설을 나와 자립을 꿈꾸며 그것의 토대를 마련하기 위해 투쟁하는 장애인들과, 그런 장애인들을 비난하고 비판할 '표현의 자유'를 주장하는 이들은 매우 다른 정치적 적대적 입장을 가질 수밖에 없겠지만, 이 둘의 입장은 모두 각자가 선 자리에서 모종의 억압으로부터 독립되고자 하는 자연스러운 욕구의 발로로 그려지곤 한다.

그런데 나는 이 자연스러움을 두 방향에서 문제 삼고자 한다. 첫째, 우리가 가진 독립의 욕구는 자연스러운 것이 아니라 특정한 시대적 변화의 산물로 등장해, 근대 세계에서 편만해졌다. 둘째, 오늘날 우리가 가진 독립의 욕구는 종종 그보다 훨씬 더 큰 자연스러움인 연립의 욕구를 배제한다.

김강기명

개인은 소유자인가?

첫째 항목부터 살펴보자. 문명의 탄생 이후 인간의 역사에서 훨씬 더 긴 시간을 차지한 봉건적 신분제, 혹은 전제적 구조하에서 독립은 인간 삶의 기본적 원칙이나 윤리적 목표가 아니었다. 서양이든 동양이든 '자연스러운 삶'이란 어떤 특정한 자연적 위계 속에서 부여받은 삶을 살아가는 것이었다. 그리고 윤리적 삶이란 그 자연적 위계와 어떻게 조화를 이루고 살아가는지를 탐색하는 일이었다. 이 위계의 상층에 있는 군주나 영주라고 해서 개인의 독립적인 삶을 꿈꾸는 것도 아니었다. 조선 시대 군주에게 부과된 그 수많은 의례와 의무, 정체성들을 생각해 봐도 알 수 있다.

서구에서 독립의 욕구와, 그것의 밑바탕(subject)을 이루는 개인이라는 주체성(subjectivity)은 중세의 봉건적 질서가 붕괴하기 시작한 30년 전쟁 이후 17세기에 본격적으로 등장한 사회계약론과 그 역사를 공유한다. 사회계약론은 자연상태에서는 권리상 자유롭고 독립적이며, 그 점에서 평등한 개인들과, 그 개인들에게서 기인하는 사회(국가)라는 두 가지 인공물을 창조했다. 많은 교과서적 서술에서는 홉스에서 로크로, 그리고 그 이후 근대적 정치사상의 주류를 형성한 자유주의로 이어지는 사회계약론과 개인주의의 역사가 정의의 지속적인 확대로 그려진다. 특히 홉스와 로크에 주목할 때 그 정의의 확대란 한 인격이 모든 개인들의 정치적 권리를 양도받아 지배하는 절대적 군주권(홉스)과 개인들의 이해관계를 조정하는 최종 기구로서 의회의 지배권(로크) 사이에서, 개인의 사적 소유권을 인정하지 않는 국유의 경제관(홉스)과 토지와 노동에 기반한 개인의 사유을 인정하는 경제관(로크) 사이에서 논해진다.

그런데 이것이 정의의 확대일 수 있는 이유는 우리가 정의를 자연상태 속 개인이 갖는 자연권을 기준으로 해서 생각하기 때문이다. 즉 홉스에게서는 한 인격의 지배인 국가 상태에서 개인의 정치적, 경제적 권리가 거의 전부 박탈되지만, 로크에게서는 경제 영역에서 개인의 소유권이 인정되며, 정치 영역에서 각 개인의 이해관계를 조정하는 의회가 최고 권한을 갖기 때문이다. 그런데 여기서 전제가 된 사고방식은 곧 C. B. 맥퍼슨이 비판적으로 명명한 바 있는 소유자 개인주의라 할

　　　　　　　　김강기명

수 있다.[2]

　소유자 개인주의는 개인을 자신의 능력과 소유물의 독자적 소유자로 보는 관점이다. 이 관점에서 자연상태의 개인은 사회에 대한 의무나 관계로부터 자유로운 독립적인 존재라는 점에서 '평등'하며, (어떤 약한 사람도) 자신을 보호하기 위해 다른 인간을 해할 수 있는 능력은 가졌다는 점에서 '평등'하다. 홉스에게서는 이 평등이 '필연적으로' 인간을 전쟁상태로 몰아가기에, 개인들은 소유자로서의 권리를 포기하고, 머리(군주)의 수족(인민)으로 살아감으로써 평화와 안정을 누리는 사회계약을 추구하게 된다. 로크에게는 자연상태에서 개인으로서 자신의 이익을 추구하며 살아가는 것이 전쟁상태로 이어지는 일은 '우연적인' 일이다. 하지만 홉스와 비슷한 이유로 전쟁상태의 개연성은 매우 크다. 그리하여 개개인이 자신의 역량과 자신이 획득한 토지, 투여한 노동에 입각해 발생한 사유재산권을 지키기 위해서 국가라는 합의체를 만들게 된다.

[2]　C. B. Macpherson, *The Political Theory of Possessive Individualism: Hobbes to Locke*(Oxford University Press, 2011).

이러한 소유자 개인주의는 한편으로 중세의 신분적 질서 속에 권리와 권한이 묶여 있던 인간을 개인으로 풀어놓은 사유라 할 수 있다. 사회계약론은 인간이 개개인으로 풀려나 있음에도 불구하고 왜, 그리고 어떻게 사회를 만들어 살아가는지를 설득력 있는 모델로 제시했다. 하지만 소유자 개인주의에 입각한 정치적, 경제적 관점은 동시에 인클로저(울타리 치기)와 아메리카, 아프리카, 아시아 제 대륙의 식민화를 통한 자본의 시초 축적, 자본주의적 생산양식에 내재한 계급(자본가 계급과 노동계급)의 분할, 노동의 비참을 낳거나 정당화한 사상의 근저에 놓이기도 했다. 이는 오늘날의 신자유주의와 능력주의를 떠받치고 있는 전제이기도 하다.

존재론적으로 독립되었으며, 인식론적으로 사유의 주체이며, 윤리적으로는 자기 행위의 주인이며, 경제적으로는 사적 소유의 주체인 개인에 기초한 이 소유자 개인주의의 사회계약론 모델은 무엇보다도 (소유적) 개인이 아닌 존재들을 정의와 독립의 영역으로 포괄하지 못한다는 문제를 가지고 있다. 이 문제는 아메리카 대륙의 식민화를 정당화한 로크의 이론 속에 이미 나타난 바 있다. 아메리카 선주민(indigenous)들은 로크

김강기명

가 아는 '인간'처럼 대지에 구획을 쳐서 사적 소유로 삼는 소유자 개인들이 아니었다. 또한 이들은 홉스나 로크가 아는 국가는 아니지만, 여러 집단적 의례와 나름의 공동체 시스템을 갖추고, 공유와 공생에 기초한 집단생활 속에서 살아가는 인간이었다. 선주민들이 토지와, 또 서로와 맺고 있는 전일적 관계를 통찰하지 못한 혹은 하지 않은 로크는 그들이 토지를 사적으로 소유하여 개간하지 않는다는 이유로 유럽인들이 그 '황무지'들을 소유할 권리를 옹호했다.

개인주의적 전제에 입각한 자유주의 정치철학의 많은 흐름들은 위에서 언급한 여러 문제에 대처하면서 개인의 범위를 확장하는 것을 대안으로 삼았다. 이를테면 우리에게 유명한 '무지의 베일'을 근거로 한 롤스의 『정의론』에서도 일종의 소유자 개인주의는 계속된다. 모든 소유의 특성들을 다 벗겨낸 순수한 인간 개인, 즉 자기 욕망 혹은 고통에 대한 순수한 소유자로서의 인간을 근거로 정의를 말할 수 있는 것이다. 이러한 자유주의적 정의관 아래에서 동물권을 말하는 이들은 동물 역시 (인간과 마찬가지로) 고통 감수성을 소유한 개체들이라는 이유로 동물의 권리를 옹호하기도 한다. 이런 입장에서 보면 근대의 역사란 개인의 권리와 정의가 백인 남성 부르주아만의 것에서 여성, 유색인종, 노동자, 성적 소수자 등으로, 그리고 이제 동물로 확장되어 온 역사라 할 것이다.

하지만 오늘날 인류세나 기후위기 혹은 인구 재생산 위기(선진국의 인구감소, 개발도상국의 인구 폭발, 난민 등 대규모의 인구 이동을 포괄하는)와 돌봄 위기의 차원에서 논의되는 다중적인 행성적 위기는 이러한 소유자 개인주의의 확장으로는 더 이상 정의를 논할 수 없는 지점으로 나아가고 있다. 우리 시대는 사회나 국가, 혹은 가족, 공동체, 혹은 인간으로부터 개인이나 (동물 같은) 개체가 독립하는 것, 그리고 그런 '독립적' 존재들이 어떤 새로운 사회계약을 맺는 것을 윤리적 기획으로 삼기에는 개인주의의 폐해가 이미 겹겹이 쌓여 모순을 빚어내고 있는 시대다.

개인은 실체인가?

이제 두 번째 문제를 고찰해 보자. 나는 여전히 17세기에 머무를 것이다. 왜냐하면 이미 이 시기에 소유자 개인주의의 관념을 근본적으로 반박하는 다른 형태의 사회계약론이 제출된 바 있기 때문이다. 안토니오 네그리가 '야생의 별종'으로 명명한 스피노자의 관계론적 철학이 그것이다.

존재론에서 출발하여 인식론, 윤리학, 정치철학으로 나아가는 스피노자의 주저 『에티카』는 처음부터 끝까지 모든 종류의 개체주의적/개인주의적(individualistic) 철학들에 대한 체계적인 반론을 담고 있다. 그는 인간을 포함한 모든 사물을 각각 실재적으로 구별된 것으로, 즉 실체로 정립한 아리스토텔레스 전통의 철학을 비판한다. 개별적이며 독립적인 인간 정신을 인식과 행동의 주체로 사유한 데카르트의 '사유하는 실체'로서의 정신 개념 역시 폐기한다. 또한 이를 통해 (일종의 원자론적 사유와 연결된 인간론인) 각 개개인이 자신의 필요와 욕망의 주체로서, 이익을 계산하고 자신을 보존하는 가장 기본적인 단위라는 홉스의 소유자 개인주의적 인간론과도 단절한다.

스피노자는 그 대신 모든 사물들은 사실 개별적 실체들로 구분된 존재가 아니라 하나밖에 없는 실체인 '자연'의 변양(modifications), 변용(affection) 혹은 양태들

(modes)이라고 주장한다. 그리고 이 양태를 "다른 것 안에 존재하며 또한 이 다른 것에 의해서 사유되는 것"[3]이라 정의한다. 어떤 사물이 양태인 이상 그것은 언제나 '다른 것'에 의해, 즉 '외부적으로' 혹은 '관계적으로' 그 사물로서 나타난 것이다. 데카르트가 명석판명하게 이 컵은 이 컵이고, 저 테이블은 저 테이블이고, 내 정신은 내 정신이고, 내 몸은 내 몸, 저 사람 몸은 저 사람 몸이라고 사유할 때 스피노자는 '그것은 한 사물을 실체의 양태로서가 아니라 자연 전체의 질서에서 분리하여 추상적으로 인식한 부적합한 관념일 뿐 명석판명한 인식이 아니다'라고 말할 것이다. '다른 것 안에' 있는 양태들은 그 자체로 규정된 실체성이나 본질이 아니라 항상 하나의 개체화 과정(process of individuation)으로 나타난다.

　　스피노자는 개체 혹은 개인을 독립적이고, 다른 개체/개인과 구별되어 있으며, 자신에 대한 내적 인식을 가진 존재로 정의하는 대신, 개체의 각 부분들이 맺는 운동과 정지의 관계가 외부의 원인들에 의하여 끊임

[3]　스피노자, 『에티카』 1부 정의 5.

없이 변화하는 차이화의 과정 그 자체로 이해한다. 그렇다면 한 개체의 개체성이란 외부와의 상호작용 속에서 매 순간, 매 국면마다 차이를 통해 새롭게 정의되는 어떤 것이다. 평온한 한낮 오후에 벽에 걸려 있는 시계는 그것을 보고 있는 나와의 관계에선 '시계'로 정의될 수 있지만, 지진이 날 경우 그 밑에 있는 우리집 고양이와의 관계에선 '흉기'로 정의될 것이다. 시계가 걸려 있는 벽과의 관계에서는 그것의 무게로 정의될 것이며, 내 집이 자리한 땅과의 관계에서는 집 안에 있는 모든 다른 것과 다른 개체성을 갖지 않고 무게를 더하고 있는 어떤 부분으로 정의될 것이다.

그런데 스피노자 역시 홉스와 마찬가지로 어떤 개체적 사물이나 개인의 자기 보존 노력, 즉 코나투스(conatus)에 대해 말하지 않는가? 개체가 외부적 결정을 통한 개체화 과정일 뿐이라면, 코나투스라는 개념이 왜 필요하단 말인가? 이 질문은 정당하다. 스피노자는 분명 자기의 존재 안에 머무르려는 노력, 즉 코나투스를 개체의 현행적 '본질'이라고 했고, 『정치론』에서도 개인주의의 가치를 주장하는 것처럼 보인다. "각 사람은 다른 사람의 권력 아래 있는 동안 다른 사람의 권리 아래 있고, (······) 자기의 천성대로 살 수 있는 만큼 자기의 권리 아래 있다."[4]

하지만 이 해석에는 함정이 있다. 무엇보다 스피노자가 이 개인, 개체의 범위나 경계를 결코 자명한 것으로 확정하지 않기 때문이다. 개체화의 과정은 언제나 두 가지 상이한 양상으로 나타난다. 그중 하나는 한 개체와 다른 개체의 관계가 외부적 관계에 머무르는 개체화다. 대표적으로는 사물들이 주체-객체 관계로 서로를 마주하는 관계를 들 수 있다. 생각하는 '나'와 생각되는 '너', '저것', '이것'이 정립될 때 나는 그 '너', '저것', '이것'과 분리된 개체화 과정으로 나타난다. 이게 우리가 흔히 생각하는 '개체'다. 하지만 다른 개체화 양식 또한 존재한다. 신체들이 각각 개별적 '전체'가 아니라, 공통의 운동과 정지의 관계를 만드는 협력의 부분으로서 참여하는, 혹은 '외부'를 개체화 과정의 내적 부분으로 '내재화'하는 것 역시 자연에서 항상 일어나는 일이다.

이를테면 홀로는 고도 근시라 10센티미터 앞도 보지 못하는 내 아내의 신체와 안경이라는 신체가 특정

[4] 스피노자, 『정치론』, 2장 9절.

한 운동과 정지의 관계(안경 쓰기)를 맺어 공통 신체가 되면 '봄'이라는 역량이 내 아내의 본성을 표현한다. 나의 신체와 자전거의 신체가 각각 공통의 운동과 정지의 부분으로서 합쳐지면 시속 25킬로미터의 속도로 전진하는 역량이 내 신체의 본성을 표현한다. 합력 속에서 자신의 본질을 오롯이 표현하는 이 사태는 비인간인 안경과 자전거의 관점에 서도 동일하게 나타나는 것이다. 안경과 자전거도 홀로는 본성 속에 가질 수 없는 '봄'의 역량과 '시속 25킬로미터의 속도로 전진하는 역량'을 다른 신체(인간)와 합력함으로써 갖게 되기 때문이다. 이런 식으로 우리가 '내 신체' 혹은 '저 신체'라고 통상적으로 부르는 어떤 연장된 사물은 어떤 닫힌 외연을 가질 수 없고, 언제나 '다양체'일 수밖에 없다.

"더 많은 것을 할 수 있는 신체"

자신을 다른 것과 경계 짓는 개체화와, 경계를 없애는 개체화, 이 둘 중 어느 것이 한 개체가 가진 독특성과 자유, 자율과 능동을 표현할까? 스피노자는 개체가 다른 것에서 독립될 때 역설적으로 그 개체는 최고로 부

자유하며 취약하다고 주장한다.

> 우리의 정신을 살펴보면, 정신이 홀로이고 자기 자신
> 외에는 어떤 것도 이해하지 못한다면, 우리의 정신은
> 확실히 보다 불완전한 것이 될 것이다.[5]

> 인간의 자연적 권리는 그것이 한 개인의 힘으로 정의
> 되는 한, 그리고 그 개인의 것인 한 없는 것이나 마찬
> 가지라는 결론이 도출된다.[6]

스피노자의 사회계약론은 바로 이러한 탈개인주
의적 존재론 위에서 전개된다. 그에게 자연상태는 모든
사회적 제약으로부터 자유롭게 자신의 자연권과 이익
을 추구한다는 점에서 평등한 개인들의 상태가 아니다.
스피노자에게 자연상태와 사회상태의 근본적인 단절
은 존재하지 않는다. 자연상태는 인간은 자신을 독립된
개인 권리의 소유자라고 착각하는 사회적 상태다. 그
개인들의 역량은 저마다 다를 수밖에 없으므로, 자연상

[5] 스피노자, 『에티카』 4부 정리 18 주석.
[6] 스피노자, 『정치론』, 2장 15절.

　　　　　　　　김강기명

태는 거대한 불평등의 상태, 갈등 혹은 폭정이 끊이지 않는 상태가 된다. 바로 이 불평등과 갈등이 낳는 취약성 때문에 인간은 정치 공동체를 필요로 하게 된다. 인민의 바깥에 혹은 위에 군주 혹은 의회라는 최고 권력을 두는 홉스와 로크와는 달리, 스피노자는 모두가 모두에게 권리를 양도하며, 개인을 다중(multitudo)으로 구축하는 민주정이야말로 절대적 통치에 가깝다고 주장한다. 그리고 이 역시 지극히 자연스러운 내재적 개체화의 원칙을 따른 것이다.

스피노자에게 다중은 인간이 개인의 환상을 넘어 합력을 통해 "더 많은 것을 할 수 있는 신체"가 되는 개체화 과정의 하나라 할 수 있다. 이러한 참여과 합력, 공존, 그리고 돌봄과 의존을 통해서만 우리는 개인 혹은 개체로서는 피할 수 없는 취약성을 벗어나 진정한 자유를 향해 발을 내딛는다. '독립'의 환상이 그보다 훨씬 더 큰 자연스러움인 '연립'의 현실을 가리지 않는다면 말이다.

Q 지금 나를 가장 구속하는
관계는 무엇인가요? 그 관계가
답답한 이유는?

Q 그 관계에서 독립한 후에
새로 만들고 싶은 관계는 어떤
모습인가요?

A 나, 나의 것, 내 자신(I, mine,
myself)이라는 견고한 환상. 이
환상 속에서 욕심과, 욕심이 낳는
고통이 끊임없이 이어진다.

A 자리이타(自利利他)와 돌봄의
원리에 기초한 삶의 부분이
계속해서 커지면 좋겠다.

김강기명

국경은 아프다

정문태

정문태　　　국제분쟁 전문기자. 1990년부터 방콕을 베이스 삼아 아프가니스탄, 이라크, 팔레스타인, 예멘, 레바논, 코소보, 아쩨, 카슈미르를 비롯한 40여 개 전선을 뛰었고, 국제뉴스 현장을 누비며 아흐마드 샤마수드(아프가니스탄) 같은 해방·혁명 지도자와 압둘라만 와히드 대통령(인도네시아), 마하티르 모하맛 총리(말레이시아)를 비롯한 최고위급 정치인 50여 명을 인터뷰했다. 『우리가 몰랐던 아시아』,『현장은 역사다』,『위험한 프레임』,『전선기자 정문태 전쟁취재 기록』,『국경일기』를 썼다.

아시아에서 현재 진행 중인 [독립]투쟁의 현장 취재

"독립투쟁은 공동체의 크기나
사람 숫자에서 비롯되지 않는다는
아주 단순한 사실을 깨달았다.
독립투쟁은 오롯이 자결권일 뿐,
타인이 옳고 그름을 판단할 영역이
아니라는 사실도 더불어."

"어머니의 땅에, 입맞춤부터……. 가난하고 작은 조국
이지만…… 우리한텐 모든 것……. 우린…… 우린, 결
코 우린 그 땅을, 우린 잊은 적 없고……."

1999년 인도네시아 살렘바 형무소 특별 감호동,
동티모르 독립투쟁의 전설적인 지도자 샤냐나 구스망
(Xanana Gusmão)의 눈동자에 굵은 눈물이 맺혔다.

"남들처럼 어머니를, 곁에서 못 모시니……. 산악
에서도 자나 깨나 어머니…… 어머니 걱정에. 한평생
나 땜에 시달려 오신……."

1999년 아쩨의 니삼 산악, 자유아쩨운동(GAM,
Gerakan Aceh Merdeka) 사령관 무자끼르 마나프(Muza-
kir Manaf)는 눈물을 글썽이며 끝내 말을 잇지 못했다.

"당신들은 안중근을 테러리스트라 부르는가? 만약 그렇다면 내게 붙인 테러리스트를 나는 훈장으로 받아들이겠다. 누가 우리한테 총을 들게 했는가?"

2000년 팔레스타인 가자, 하마스 창설자이자 지도자인 아흐맛 샤 야신(Ahmad Shah Yasin)의 눈가에 살짝 물기가 번졌다.

"신이 우리를 이 땅에 보냈을 땐 다 사연이 있었을 거야. 우린 그걸 버마에 맞선 독립투쟁이라 여겼고, 이제 우리 아이들까지 전선을 가고 있어. 우리 세대가 못난 탓에……."

2021년 까레니군 본부 나무, 소수민족 까레니 지도자 에이벌 트윗(Abel Tweed)은 눈물을 감추려고 한참 하늘을 쳐다봤다.

내가 만난 독립투쟁 지도자들은 다 울보였다. 툭하면 눈물이 고이고 목이 메었다. 거친 전선을 달려온 사내들의 그 눈물은 맺힌 한이었을 테고, 나는 그 눈물을 투쟁 동력으로 보았다. 그 눈물은 사사로운 욕망을 버린 이들만이 흘릴 수 있는 명예였고. 어쩌면 해방·혁명투쟁은 차가운 이성보단 뜨거운 감성을 지닌 이들 몫인지도 모르겠다.

정문태

하여 내 기억회로 속에서 '독립'과 '눈물'은 늘 한 짝처럼 붙어 다녔다. 전선기자로 숱한 독립투쟁 현장을 쫓아다니면서 몸에 밴 데이터인 셈이다.

독립이라는 화두

고백건대 나는 국가주의니 민족주의니 인종주의니 따위에 두드러기가 나는 체질이다. 그럼에도 유독 이 독립이라는 화두를 들면 그런 이념과 상관없이 애틋함부터 작동한다. 누가 독립을 입에 올리기만 해도 괜스레 콧등이 찡한 게. 식민지 압제를 경험한 유전자가 내 몸에 흐르는 탓인지, 어쨌든.

달포쯤 전에도 그랬다. 자료를 뒤적이다 2021년 홍범도 장군 유해 봉환이라는 영상을 보았다.

"조국의 독립을 위해 평생을 헌신하신 홍범도 장군님의 귀환을 모시게 되어 영광입니다. 지금부터 대한민국 공군이 안전하게 호위하겠습니다." 전투기 여섯 대를 이끌고 유해 실은 수송기를 마중 나간 편대장의 무전에 저절로 눈물이 주루룩 흘렀다. 대신 싸워 준 게 고맙고, 여태 타국에 버려둔 게 미안하고, 잊어버린 역사가 서럽고, 삿된 놈들의 정치적 노리개가 된 게 억울하고…… 뭐, 그런 감정이 복잡하게 뒤섞였던 게 아닌가 싶다.

그 영상을 보면서 자연스레 한 문구가 떠올랐다. "전우를 전선에 남겨 두지 않는다.(No soldier left behind.)" 이건 온 세상을 난도질하며 돌아다니는 미군의 전통, 다른 말로 정치적 수사인데 그 뿌리는 17세기 영국 기병이라고 한다. 사실은 굳이 이런 표현이 아니더라도 동지를 전선에 남기고 떠나지 않는다는 것쯤이야 해방·혁명전선의 해묵은 전통이다. 말할 나위도 없이 살아남은 자들의 책임을 뜻한다. 비록 늦어도 한참 늦었지만 홍범도 장군을 모셔 와야 하는 까닭이다. 한쪽에선 문재인 전 대통령의 정치적 홍보라며 쑥덕댄 이들도 있다는데, 그런 걸 자해적 흑책질이라고 한다.

나는 지난 35년 동안 팔레스타인, 코소보, 동티모르, 카슈미르처럼 꽤 알려진 곳들뿐 아니라 아쩨(Aceh), 타밀 일람(Tamil Eelam), 빠따니(Pattani), 빠뿌아(Papua), 까친(Kachin), 빠다웅(Padaung)같이 이름도 낯선 독립투쟁 전선을 서른 개쯤 뛰면서 역사가 굴러가는 현장을 내 눈으로 보는 엄청난 행운을 누렸다. 그 현장들

정문태

에서 나는 늘 대한민국 독립투쟁사를 견줘 보는 버릇이 생겼다. 거기엔 이름과 얼굴만 다를 뿐 홍범도, 김좌진, 김구, 이시영, 안창호, 신채호, 안중근, 윤봉길, 유관순이 있었다. 으레 이완용이니 이승만 같은 자들도 빠질리 없었고. 마땅히 거기도 지푸라기처럼 목숨 바친 빗돌 없는 이들이 독립투쟁 동력이었다.

그리고 그 비교를 통해 독립투쟁은 공동체의 크기나 사람 숫자에서 비롯되지 않는다는 아주 단순한 사실을 깨달았다. 독립투쟁은 오롯이 자결권일 뿐, 타인이 옳고 그름을 판단할 영역이 아니라는 사실도 더불어. 말하자면 대한민국이든 팔레스타인이든 동티모르든 타밀 일람이든 본질적 기본권과 그 역사적 존엄성에서 다를 바가 없었다는 뜻이다.

300개의 독립투쟁

세계사를 훑어보면 근대국가 개념이 자리 잡기 시작한 지난 200년 동안 독립한 나라가 165개에 이른다. 제1차 세계대전을 거쳐 1920년 국제연맹 창설 이전까지는 국가 지위를 인정하는 국제기구가 없었으니 독립이란 건 강대국들이 주권을 상호 인정하는 의미였다. 2024년 현재 국제연합에 가입한 국가가 193개인데, 거의 모두는 제2차 세계대전 뒤 독립했다. 영국 식민지에서 독립한 나라만도 자그마치 65개고, 프랑스 식민지에서 독립한 나라도 40개나 된다. 그 나머지는 나라들은 스페인, 독일, 포르투갈, 네덜란드, 벨기에, 일본 식민지에서 독립했다. 제2차 세계대전 전까진 온 지구가 식민지였다는 뜻이다.

그렇다고 인류의 독립 의지가 193개에서 수그러든 건 아니다. 오늘도 다 꼽을 수 없을 만큼 많은 공동체가 독립을 외치고 있다. 카탕가(콩고민주공화국)를 비롯한 아프리카에 50여 개, 티벳(중국)을 비롯한 아시아에 80여 개, 바스크(프랑스)를 비롯한 유럽에 100여 개, 페르남부쿠(브라질)를 비롯한 북남미에 50여 개, 프렌치 폴로네시아(프랑스)를 비롯한 오세아니아에 20여 개를 합해 300여 개를 웃돈다. 내 손가락에 못 든 이들까지 보태면 350여 개는 되지 않을까도 싶고.

이 공동체들의 독립투쟁은 민족, 인종, 정치, 경제, 종교, 영토, 역사 같은 저마다 다른 뒷배를 지녔다. 으레 독립투쟁에 들고 나선 연장도 뭇뭇이 다르다. 비록 실패로 끝났지만 2014년 국민당이 앞장선 스코틀랜드 독립 국민투표처럼 정당이 앞장선 정치투쟁이 있는가 하면, 2002년 인도네시아로부터 독립한 20세기 최초의 신생 공화국 티모르 레스테(동티모르)처럼 무장투쟁 끝에 국민투표를 거친 경우도 있다.

그런가 하면 2005년 아쩨처럼 인도네시아에 맞선 무장투쟁을 접고 헬싱키 협정이라는 평화협상을 통해 특별자치주가 된 반쪽짜리 독립도 없진 않다. 특히 티모르 레스테와 아쩨는 지난한 독립투쟁을 벌여 온 카슈미르(인디아-파키스탄), 빠따니(타이), 까렌(버마)을 비롯한 100여 개 웃도는 무장조직들에게 분쟁 해결의 본보기감으로 큰 희망을 주기도 했다.

국경에서 일어나는 일

이쯤에서 독립투쟁을 놓고 눈여겨봐야 할 대목이 하나 있다. 바로 국경이다. 이 지구의 반도 넘는 국경선을 영국과 프랑스가 그었다. 말하자면 식민주의자들의 저지레로 태어난 국경이 오늘까지 온갖 분쟁의 온상 노릇을 하고 있다는 뜻이다. 여태 거의 모든 독립투쟁이 국경을 끼고 벌어져 온 건 우연이 아니었다.

우리한테 크게 낯설지 않은 버마가 좋은 본보기 아닐까 싶다.[1] 내가 지금 들락거리는 국경이기도 하니. 버마는 인구 5500만 명 가운데 중앙정부가 공식적으로 인정하는 135개 소수민족이 40퍼센트 웃도는 다민족 사회다. 이 소수민족들이 버마 국경선을 따라 해방구를 트고 독립투쟁을 해 왔다. 방글라데시 국경의 아라깐(Arakan), 인디아 국경의 친(Chin), 중국 국경의 까친(Kachin)과 와(Wa) 그리고 타이 국경의 까렌(Karen), 까레니(Karenni), 몬(Mon), 샨(Shan) 같은 소수민족들이 자치·독립을 외치며 버마 중앙정부에 맞서왔다. 까렌민족해방군, 까친독립군을 비롯해 무장투쟁 조직만도 서른 개 웃돈다. 국경을 낀 이 지역들은 샨주, 까친주, 친주, 몬주, 까렌주처럼 버마 행정지도에서도

[1] 1988년 민주항쟁을 학살 진압한 군사정부가 1989년 난데없이 국호를 버마에서 미얀마로, 수도 이름을 랭군에서 양곤으로 그리고 까레니주를 까야주처럼 숱한 행정 지명까지 바꿨다. 그러나 민주진영을 비롯한 시민사회에서는 군사정부의 불법성을 들어 그 개명을 원천적으로 거부했다. 세월이 흘러 버마 안팎에서 미얀마가 공식 국명처럼 쓰이지만, 여전히 군사정부를 부정하는 시민은 버마를 고집하고 있다. 참고로 이 글에서는 현지 발음을 오롯이 담아내지 못하는 한계를 지닌 국립국어원의 외래어 표기 원칙 대신 현지 발음에 가까운 표기를 원칙으로 삼는다.

정문태

잘 드러나듯 애초 소수민족들 삶터였다.

버마의 지독한 민족분쟁은 말할 나위 없이 영국 식민주의자가 남긴 유산이다. 1824년 버마를 삼킨 영국은 까친, 까렌을 비롯한 소수민족을 무장시켜 다수민족 버마인을 지배하는 이른바 분할통치의 시대를 열었다. 오늘까지 이어지는 버마인과 소수민족의 해묵은 상호 불신감이 여기서 비롯되었다.

이어 영국은 제2차 세계대전에서 버마를 침략한 일본군에 맞서고자 전후 독립을 미끼 삼아 소수민족을 전선에 투입했다. 그러나 1948년 버마 독립과 함께 영국은 약속을 저버린 채 사라졌다. 한 해 앞선 1947년 버마의 독립 영웅 아웅산 장군과 소수민족 대표로 참여한 까친, 친, 샨은 빵롱협정(Panglong Agreement)을 통해 버마연방 창설에 뜻을 모았다. 그 협정에는 "연방에 참여한 소수민족들이 10년 뒤 원한다면 국민투표를 통해 독립할 수 있다."라는 조항이 들어 있었다. 그러나 이마저 아웅산 장군이 암살당하고 1962년 네윈 장군이 쿠데타로 집권하면서 물거품이 되고 말았다. 그로부터 소수민족들은 독재를 대물림한 군사정부의 압제와 차별에 시달려 왔다. 오늘까지 이어지는 세계 최장기 민족분쟁의 뿌리였다.

　　세월이 흐르면서 소수민족해방군들은 빵롱협정 정신과 그 역사성을 좇아 버마 내 반군부 민주진영과 버마민주연방 창설에 합의해 독립 대신 자치·해방을 내걸고 싸워 왔다. 그러나 소수민족해방군들의 속내는 이게 다가 아니다. "우린 버마민주연방 창설을 향해 간다. 그러나 모든 건 버마인에 달렸다. 버마인한테 당한 차별과 배신이 되풀이된다면 우리 까렌의 최후·최고 목표는 독립일 수밖에 없다." 까렌민족연합(KNU) 의장 *끄웨뚜원*이 속맘을 털어놓았듯, 소수민족해방군들이 공개적으로 독립을 입에 올리진 않지만 어디를 향해 가는지 엿볼 수 있다. 자치·해방투쟁이 독립의 전 단계란 뜻이다.

　　하나를 더 보자. 모든 소수민족해방 세력들이 독립 밑감으로 민족 개념을 앞세운 데 견줘 까레니는 처음부터 영토 개념을 들고나선 특이한 경우다. 식민지 시절 영국 정부와 버마의 민돈민 왕이 1875년 조약을 통해 까레니주의 독립에 합의했던 까닭이다. 해서 까레니는 자치·해방을 내건 다른 소수민족과 달리 처음부터 줄기차게 독립을 외쳐 왔다. 그러다 2002년 형식적

　　　　　　　정문태

이나마 다른 소수민족과 발맞춰 자치·해방투쟁으로 노선으로 갈아탔다. 그러나 2021년 민아웅흘라잉 최고사령관이 쿠데타 뒤 버마 전역을 내전으로 몰아가자 까레니는 2023년 임시행정위원회(IEC)를 창설해 다시 독립을 외치기 시작했다.

"국방, 내무, 외교를 비롯한 12개 부처를 지닌 임시행정위원회는 버마 군부를 물리친 뒤 자치독립 정부 기능을 맡을 것이다." 무장조직 까레니군을 지닌 까레니민족진보당(KNPP) 의장 우레(Oo Reh)의 말은 그동안 독립 대신 자치를 내걸고 버마민주연방 창설에 서로 합의한 국경 소수민족해방전선에 적잖은 충격을 안겼다.

뿔뿔이 흩어지지 않고

철 지난 얘기를 하자는 게 아니다. 현재 버마 국경 지역은 역사를 오롯이 되풀이하고 있다. 2021년 쿠데타 뒤 정부군이 버마 시민뿐 아니라 소수민족을 무차별 공격해 대는 통에 국경 전역에서 전면전이 벌어지는 판이다. 지금은 소수민족 독립투쟁이 다가 아니다. 쿠데타로 쫓겨난 버마 정치인과 민주진영이 창설한 지하 망명 민족통합정부(NUG)까지 국경으로 숨어들어 소수민족 해방구에 더부살이하고 있다. 반군부 무장투쟁을 선언한 지하 정부가 띄운 민중방위군(PDF)도 국경 소수민족해방군 영내에 거점을 마련했다. 으레 소수민족해방군들은 군사훈련에서부터 무기, 병참, 정보, 작전에 이르기까지 민중방위군의 뒤를 받쳐 왔다. 버마인 중심 민족통합정부와 소수민족해방군들이 버마민주연방 창설에 뜻을 모아 반군부 공동투쟁 전선을 펼친 국경으로 버마의 정치 수도가 옮겨 온 셈이다.

국경 민족통합정부와 소수민족해방군이 버마 정국을 풀어갈 열쇠를 하나씩 손에 쥔 것만큼은 틀림없다. 문제는 그 열쇠 둘을 함께 꽂지 않으면 결코 열 수 없는 '버마식 자물통'이다. 그러나 아직 그 열쇠를 꽂을 구멍이 또렷이 보이지 않는다. 민족통합정부의 버마중심주의와 소수민족해방군의 버마인에 대한 불신감이 깔린 어두운 밤인지라.

1962년 네윈 장군이 쿠데타로 권력을 쥐고부터 오늘까지 대물림해 온 군인 독재자들이 잠가 버린 버마식 자물통은 녹이 슬대로 슬었다. 그 자물통 안에 버마 사회의 두 기본 모순인 민주화 문제와 민족문제가 갈렸다. 두 열쇠가 함께 작동해야 하는 까닭이다. 이게 버마 현대사의 명령이다.

그러나 진짜 중요한 건 따로 있다. 합하면 10만 병력에 이르는 소수민족통일전선이다. 버마에서 현실적으로 35만 중무장 정규군을 지닌 군인 독재자에 맞설 유일한 동력은 소수민족해방군뿐이다. 해방도 독립도 소수민족통일전선 없이는 다 뜬구름일 뿐이다. 뿔뿔이 흩어진 소수민족으로는 앞날이 없다. 62년 묵은 군인 독재자들이 호락호락하지 않으므로! 이게 지난 35년 동안 버마 국경전선을 취재하면서 내가 배운 버마 현대사의 가르침이다.

Q 지금 나를 가장 구속하는 관계는 무엇인가요? 그 관계가 답답한 이유는?

Q 그 관계에서 독립한 후에 새로 만들고 싶은 관계는 어떤 모습인가요?

A 혈액암을 앓아온 강아지 레오사이(왼쪽으로라는 뜻)를 어떻게 떠나 보낼 것인지? 두어 달 넘게 입원한 채 오늘내일하는 놈을 돌봐온 의사는 고통을 덜어 주자며 마지막 인사를 준비하라는 데……. 나는 마음을 못 정해.

A 지금은 두려움뿐. 홀로 남게 될 강아지 뜨롱빠이(앞으로)도 걱정스럽고. 놈한테 새 친구를 만들어 줄 것인지 말 것인지 심사가 복잡하기만. 한편으론 내가 책임질 수 없는 '생명'에 대한 인연에서 자유로워지고도 싶고. 쩔쩔매는 꼴, 아무튼.

독립은 함께 살기다

지음

지음   빈고 활동가. 생물학을 배우러 들어간 대학에서 주로 마르크스주의와 페미니즘을 실천하는 사람들과 함께했다. 정보인권단체에서 일하며 생태주의와 평화주의를 실천하는 사람들과 함께했다. 2008년 해방촌 주거공동체 빈집의 시작을 함께했고 이후 협동조합 빈가게, 카페 해방촌, 해방촌연구소, 자전거메신저 등을 하며 빈마을을 이루어 함께 살았다. 2010년 공동체은행 빈고를 함께 만들고 현재까지 주로 재정 담당자로 일하고 있다. 2019년 공유주거협동조합과 빈땅조합을 함께 만들고, 충남 홍성에 공유주택 키키를 함께 짓고 살고 있다. 면 단위의 공유지를 관리하는 공유지협동조합을 준비하며 마을활력소에서 일하고 있다.

즐겁게 함께 사는 방법을 찾는 [독립]의 실험

"만남을 회피할수록 점점 더 즐겁게
만나는 방법과 능력을
잃어버리게 될지도 모릅니다.
다른 사람들과의 관계를 잃어버리고
오로지 돈을 매개로 한 관계만 남는다면,
여기에 어떤 희망이 있을까요?"

이번 호의 필자로 '빈고' 활동가인 지음 선생님을 가장 먼저 떠올렸어요. 혼자 잘 살기보다 함께 잘 살아갈 방법을 고민하고 계시다는 점에서요. 독립은 혼자 오롯이 서는 것이기보다 의존하는 관계망을 만드는 거란 생각을 하고 있어요. '쉼' 호에서 이어지는 생각인데, 쉰다는 것은 결국 나를 지치게 하고 괴롭게 하는 무언가를 바꾸는 쪽으로 몸을 움직이는 게 아닐까 싶었거든요. 뭔갈 바꾸는 건 당연히 혼자 할 수 없고요. 선생님이 함께 살기를 결심한 계기는 무엇일지 궁금해요.

2006년에 짝꿍과 함께 무작정 자전거 여행을 떠났어요. 함께 다니던 인권단체를 그만두고 같이 살던 반지하집을 처분하고요. 단체는 좋은 곳이었고, 사람들도 좋았고, 하고 싶은 일을 하며 재미있을 때도 많았습니다. 하지만 그럼에도 채워지지 않는 무언가가 있었어요.

동남아와 유럽을 11개월 동안 돌아다니면서 우리는 다양한 집 아닌 집들에 머물렀습니다. 쉐어하우스와 게스트하우스를 시작으로 자전거 여행자 네트워크 '웜샤워'를 통해 만난 친구의 집, 하이델베르그대학 학생들의 주거 공동체와 런던의 빈집 점거 커뮤니티, 수백 수천 명이 모이는 생태주의 캠프인 기후행동캠프와 G8 반대캠프를 돌아다녔어요. 자전거를 타고 다니다 길가에 텐트를 치거나 우연히 만난 사람들의 집에 머물기도 했습니다. 브뤼셀에서 만난 한 친구는 비어 있는 자기 집 주소를 알려 주고 열쇠를 쥐여주며 먼저 가서 머물다 가라고 하기도 했어요.

거의 1년을 다양한 집들에서 살다가 한국에 돌아왔을 때는 또 다른 여행지에 도착한 느낌이었어요. 환대를 받은 기억은 자연스럽게 '환대할 수 있는 집을 구하자'는 생각으로 우리를 이끌었습니다. 손님방이 있는 집을 구하겠다는 계획을 재미있어하는 친구들과 함께 집을 보러 다니기 시작했어요. 다만 몇 가지 문제가 있었는데, 우선은 가진 돈이 많지 않아서 방이 많은 큰 집

지음

을 구하기 어려웠다는 것입니다. 더 큰 문제는 우리는 집 아닌 집들에 모두 단기로 머물렀다는 점이에요. 더 길게 머물 수 있었을까? 만약 그랬다면 우리는 고마움을 넘어서 부담스러움을 느끼지 않았을까? 그리고 아마도 집주인과 어떤 문제에 부딪혔을 것입니다. 우리가 집주인이 되었을 때를 생각해 봐도 마찬가지였고요.

우리가 떠올린 해법은 주인 개념을 없애고 모두가 손님이 되어 손님들끼리 운영하는 집을 만들자는 것이었습니다. 손님들의 집, 게스츠하우스(guests' house) 빈집의 시작입니다.

저는 『커먼즈란 무엇인가』를 읽으면서 공동체 은행 '빈고'에 대해 알게 되었는데요. 그 시작이 '빈집'이라는 점이 특히 눈에 들어왔어요. 주변 사람들에게 '독립'이라고 하면 가장 먼저 무엇이 떠오르는지 물어보면 주거 독립을 이야기하는 경우가 많았거든요. 실제로 부모로부터 독립해 산다는 것의 변화가 크기도 하고, 보통 취직하면서 혹은 결혼하면서 주거 독립을 한다는 점을 생각하면 경제적 독립과 얽혀 있기도 하고요.

무엇을 해도 좋은 자기만의 공간을 갖는 것은 독립의

기본이겠지요. 이를 위해서는 나의 방, 나의 집을 얻어 낼 능력이 있어야 하겠고요. 능력이 충분하지 않다면 작고 열악한 고시원이나 옥탑방 공간에 만족해야 하고, 누군가의 도움으로 더 나은 집을 얻는다면 그 사람으로부터의 간섭을 감내해야 합니다.

자기만의 공간을 갖는 것이 독립의 끝은 아니죠. 이후에는 그 공간을 편안하고 쾌적하게 유지하는 능력이 필요합니다. 대부분의 사람들은 집 안 청소며 밥하고 설거지하고 빨래하는 일, 집을 가꾸는 모든 일이 저절로 이뤄지는 것이 아니라 누군가가 하지 않으면 안되는 일이었다는 사실을 독립 초기에 깨닫게 됩니다. 저도 마찬가지였고요. 이때 선택할 수 있는 방법은 돈을 더 많이 벌어서 필요한 가사 노동을 돈으로 해결하거나, 돈을 버느라 지친 몸을 이끌고 이 모든 일을 혼자서 해내는 것입니다. 어느 쪽도 쉽지 않지요. 자신만의 공간은 있으나 그 공간 밖에서든 안에서든 자유로운 삶은 없게 되는 역설입니다.

그렇게 독립은 단지 자기만의 주거 공간을 유지하는 것으로 귀착되고 맙니다. 그리고 너무나 당연하게도 집을 소유한 이는 점점 더 넓고 안락한 공간을 열망하

지음

게 됩니다. 이런 소유에 대한 열망은 채워도 언제나 부족한 것, 자유와는 무관한 것이고요.

주거 독립이 결국 소유에 대한 열망으로 귀결되고, 그것은 자유와는 무관한 것이다. 여기에서 주거 독립, 경제적 독립을 넘어서 독립이란 과연 어떤 상태인지에 대해서 이야기해 보고 싶어요.

제가 독립을 긍정적으로 받아들이는 이유를 단순하게 말해 보면, 역시 간섭받기 싫어서인 것 같아요. 똑같은 일을 해도 남이 시키면 하기가 싫잖아요. 학창 시절에 저는 선생님 말을 듣기가 엄청 싫었는데요. 그러면서 동시에 선생님에게 인정받기를 원했던 것 같아요. 그렇게 '공부 잘하는 학생'으로 인정받고 나면 어떤 자유의 영역이 생기기도 했고요. 수업시간에 좀 잘 수 있었다든지…… 선생님들 입장에서 엄청 미웠겠지만요. 인정은 그때 제가 작지만 소중한 자유를 획득한 한 방식이었던 건데, 의존적이고 경쟁적인 태도이기도 해요. 학생이라면 누구나 참여해야 하는, 좋은 성적을 얻기 위한 경쟁에서 승리해 쟁취한 자유 같은 것이죠. 그런데 학교를 벗어난 이후에도 자유를 위한 경쟁은 끝나지 않은 것 같아요.

많은 이들이 '경제적 자유'를 꿈꾸죠. '경제적 자립', '조기 은퇴', '파이어족'…… 하지만 경쟁에서 이긴 소수만이 이런 자유를 누릴 수 있습니다. 지금 이 시간에도 많은 사람들이 좋은 대학, 좋은 직장에 가기 위해 노력하고, 더 많은 성과를 내기 위해 자기계발에 충실하고, 한편으로는 주식, 부동산, 코인에 투자하기 위해 공부합니다. 누군가 직장 생활을 잘해서 승진하고, 자기계발도 열심히 하고 돈도 잘 벌고 있다면 분명 축하할 일입니다. 그런데 그가 같은 나라, 같은 지역, 같은 업계, 같은 회사 사람이라면? 축하의 말을 건네고 돌아서면 어쩐지 진심이 아닌 느낌이 되고 맙니다. 관계가 가깝고 깊어질수록 그의 성공을 진심으로 축하해 줄 수 없는 이 상황은 도대체 뭘까요? 나도 그처럼 성공해야 할 것 같고, 그의 성공 때문에 내가 성공할 수 없는 것 같고, 그의 성공이 마치 나의 실패를 확인하는 것만 같은 느낌입니다.

항시적인 경쟁 속에서 대부분의 사람들은 패배하고 자유를 제약당하는 결과를 받아들여야 합니다. 좋든 싫든, 이기든 지든 이 게임에 삶의 대부분을 바치고 있는 상황은 독립적이거나 자유로운 것과 이미 거리가 멀

지음

지 않은가요? 누구도 마냥 경쟁을 즐기고 있지는 않다는 점을 기억해야 합니다. 그렇다면 우리는 경쟁의 바깥에서 다른 가능성을 찾아보지 않으면 안 됩니다.

가족으로 돌아가라거나 독립과 자유의 공간을 포기하라는 말이 결코 아닙니다. 정확히 그 반대입니다. 부모와 자식이든 교사와 학생이든 억압적인 관계는 해체되어야 하고, 나를 침해하는 관계로부터는 가능한 한 빨리 독립해야 합니다. 하지만 사람들과 함께 살아가는 방법을 고민하지 않고 홀로 살아가기 위해 경쟁에 몸을 내맡기는 것은 결코 현명한 선택이라고 볼 수 없습니다. 그것은 독립이라기보다는 고립이고, 타인으로부터의 자유라기보다는 철저히 경쟁과 자본에 종속된 삶의 형태일 것입니다.

여기가 우리의 출발점입니다. 독립은 홀로 살기가 아닌 함께 살기입니다. 물론 함께 살기는 어렵지요. 함께 살기는 쉽게 억압과 종속, 차별과 반목으로 흘러갑니다. 그러나 수많은 실패가 있더라도 더 잘 함께 사는 법을 익히고 계발해 나가야 합니다. 어느 도시 어느 동네 어떤 집에서 누구와 함께 어떻게 같이 살면서 독립적이고 자유롭고 자율적인 삶을 누릴 것인가? 이 질문에 대한 답을 함께 찾아보면 좋겠습니다.

어디에서 누구와 어떻게 살고 싶은가? 집에서 보내는 시간이 무척 길고, 잠자기부터 일하기, 밥 먹기, 친구를 초대해서 파티하기까지…… 집 안에서 하는 일들이 무수히 많다는 점을 생각해 보면 무척 중요한 질문인데요. 집값이라는 거대한 문제 앞에서 이 질문을 진지하게 던지기란 쉽지 않은 것 같아요. 선택지가 많지 않으니까요. '함께 산다'를 결혼을 기준으로 상상하는 데에 익숙해지기도 했고요. '원가족과 함께 살 것인가 새로운 가족을 꾸려 독립할 것인가?' '혼자 살 것인가 결혼해서 둘이 살 것인가?'라는 선택지로요.

저에게 빈집은 상상을 가로막는 현실을 비집고 나오는 모험으로 느껴져요. 함께 살기를 오래 실천해 오신 선생님께 빈집에서의 생활이 어땠는지에 대한 이야기를 듣고 싶어요. 소득도 성향도 제각각인 사람들이 모여 살았는데 싸우지는 않았는지, 집안일은 어떻게 분배했는지, 중요한 결정은 어떻게 이루어졌는지…….

빈집은 말 그대로 비어 있어 누구든 살 수 있는 집, 손님들의 집이에요. 보증금을 모으고 계약을 한 주인들은 공간과 권리, 의무를 나누며 손님이 되기로 했습니다. 손님들은 주인의 역할을 나눠 가지며 여러 명의 주인 중 하나가 되었고요. 재정은 투명하게 공개되었고, 의사 결정을 위한 회의가 한 주에 한 번씩은 열렸어요. 회의라고 해서 거창할 것은 없고, 같이 청소하고 밥 먹으며 이야기를 나누는 것이었습니다. 서로 근황을 나누고, 생활하며 불편한 것들, 같이 해야 할 일과 같이 하면 좋을 놀이들에 대해 이야기했습니다. 밤마다 술자리는 늘 있었고, 수많은 모임과 이벤트들이 있었어요. 옥상 텃밭을 관리하는 모임, 약수터 물을 길어오는 모임, 아침마다 책을 같이 읽는 모임, 마을 전체가 같이 먹을 반찬을 만드는 모임, 맥주를 만들어 먹는 모임, 노래를 만들고 밴드를 같이 하는 모임, 홈페이지와 블로그를 관리하는 모임, 아이를 같이 돌보는 모임, 다큐멘터리를 제작하는 모임, 자전거를 타고 장을 보거나 놀러가는 모임, 보름과 그믐날에는 촛불을 켜고 시를 읽는 모임…….

　주거비를 나누어 부담하고 소비를 가능한 줄였기 때문에 빈집 구성원들의 생활비는 극단적으로 적었습니다. 식비와 공과금을 포함한 장기 투숙객 분담금이

한 달에 6만 원이었기 때문에, 술과 담배를 하지 않는 사람들은 월 20에서 30만 원의 돈으로도 생활할 수 있었어요. 특별히 정규 노동을 하지 않아도 살아갈 수 있었지요. 구성원 대부분이 백수였는데도 빈집의 활동으로 무척 바빴던 기억이 납니다.

함께 사는 이들 사이에 여러 차이가 있었지만 그 차이가 재미와 풍요를 더해 주었습니다. 사람들이 늘어나서 1년 만에 네 곳의 빈집이 생겼어요. 빈집들을 빈마을이라고 부르고 마을 회의와 마을 잔치를 한 달에 한 번씩 했습니다. 집집마다 구성원이 다르니 새로운 손님들과 노는 집, 밤마다 책을 같이 읽는 집, 사무실로 쓰는 집, 커플들이 사는 집 등으로 특징이 분화되기도 했고, 일과 놀이를 함께하는 일놀이터 '빈가게'를 만들기도 했습니다.

사람들이 모여 살 때 갈등은 상수입니다. 여성과 남성, 10대부터 50대까지 다양한 사람들이 한 공간에 모여 사는 집에서 불편한 사건은 있기 마련이지요. 그래도 성적 차별과 폭력의 문제, 나이와 권력에 따른 위계의 문제에 적극적으로 문제 제기하는 사람들이 여럿 있어 예방과 빠른 대응이 가능했습니다. 심각한 경우에는 대책 회의를 꾸려 해결하기도 했고요.

　이런 문제들 외에도 서로 생활 방식이 달라 발생하는 많은 갈등들이 있었습니다. 예를 들어 어떤 청소 상태나 소음 상황을 한 사람은 견딜 수 있는데 다른 사람은 견딜 수 없을 때 갈등이 발생하죠. 그중에는 다른 누군가가 개입하거나 매주 회의와 식사를 같이 하는 것만으로 어느 정도 해소되는 갈등도 있었어요. 정 해결이 어려울 때에는 집을 바꾸거나 새 집을 만드는 식으로 마을 차원에서 함께 해결하기도 했습니다. 네 집에 사는 30여 명의 사람들이 성향과 관심 있는 활동에 따라 집을 구성하거나, 조정위원회를 구성해서 집 배치를 하거나, 심지어는 사다리 게임으로 집을 바꾼 극적인 일도 있었습니다.

　빈집의 가장 중요한 설정은 모두가 환대받은 손님이자 자율적인 주인이라는 입장의 동일함이었다고 생각해요. 문제는 각자의 차이가 아니라 이 입장의 동일함을 깨뜨리는 차별이고, 그로 인해 각자 발언의 중요성이 달라지는 것이었습니다. 아시다시피 세입자들은 2년에 한 번씩 재계약을 해야 하고, 이때 중요한 것은 계약자와 보증금이에요. 계약을 책임질 수 있는지, 보증금이 될 정도의 자산이 있는지 없는지에 따라서 어떤 집을 계약하고 어떻게 살 것인지에 대한 주장의 무게가 달라졌습니다. 빈집의 구성원들은 매월 같은 금액을 분담했지만, 자산의 차이는 쉽게 같아질 수 없었어요.

이 문제를 해결하기 위해 정말 많은 토론을 했고, 긴 논의를 거쳐 우리는 모두가 능력에 따라 출자하되 금액과는 무관하게 동일한 권리를 갖는 금융조합을 만들기로 했습니다. 그리고 조합원 세 명 이상이 만든 공동체는 필요에 따라 이 공동의 돈을 보증금으로 해서 새 공간을 만들 수 있도록 했습니다. 이것이 공동체은행, 공유지은행 빈고의 시작이에요.

빈고의 함께 살기 이야기를 들으니 빈고 구성원들은 지루할 틈이 없었겠다는 생각이 들어요. 부럽고 궁금한 마음이 드는 한편, 30여 명이 함께 사는 집과 마을에서 벌어졌을 크고 작은 실랑이와 심각한 문제들을 생각하면 함께 살기란 역시 쉽지 않겠다는 생각이 들고요.

차이의 무게를 실감하게 되는 상황을 집 계약하던 때를 떠올리며 번쩍 이해했어요. 누가 계약자가 되어 서명할 것인가, 누구의 돈으로 보증금을 부담할 것인가. 함께 사는 집이지만 계약할 때에는 책임지는 개인이 필요하고, 보증금에 누가 얼마만큼 더 냈는가를 의식하지 않을 수 없을 것 같아요. 많이 낸 사람도, 적게 낸 사람도요. 이렇게 이야기를 들으니 빈집이 빈고가 된 흐름이 자연스럽게 느껴지네요. 공동체은행 빈고는 어떻게 운영되는지도 궁금합니다.

빈집에서는 누구도 일방적으로 후원하거나 희생하기를 원하지 않았어요. 경제적인 이득은 우리가 함께 살고 절약하면서 얻어지는 것일 뿐 누군가의 선의에 의존하는 것이 아니었습니다. 물론 처음에는 선물이 있었지요. 소수가 보증금을 내면서 아무런 보상을 원치 않았습니다. 빈집 사람들의 분담금은 낮아졌고, 이로써 자연스럽게 선물을 받게 된 셈입니다.

　　하지만 어떤 사람들은 이 선물을 사양했습니다. 자신도 같이 출자를 하거나 분담금을 더 내서 출자한 사람에게 이자를 줘야 마음이 편하다는 것이었어요. 처음에 출자한 사람은 '이자를 받으면 내가 채권자나 자본가가 되는데 그럴 수는 없다'며 다시 사양했습니다. 서로 사양하는 두 사람이 만나자 출자금이 남고, 갈 곳을 잃은 이자가 잉여금으로 남았습니다. 대단히 묘한

장면이지요. 서로 갖겠다는 경쟁이 아니라 서로 주겠다는 경쟁입니다. 누구도 이득을 보지 않지만 동시에 누구도 손해를 보지 않고, 돈은 두 사람 사이에 공유되어 있습니다. 이 돈은 모두의 필요를 위해 사용되거나 적절히 분배되거나 더 필요한 사람에게 갈 수 있어요. 이것이 빈집이 유지되고 확장되고, 가난하지만 여유로울 수 있었던 비결입니다. 빈고에서 일어난 교환은 자본의 기초인 상품교환, 국가의 기초인 세금교환, 공동체의 기초인 선물교환과 구분됩니다. 공유지를 만드는 이 독특한 교환을 사양교환이라고 정리하고 있어요. 빈고는 사양교환을 확장해서 출자자와 이용자가 자본수익을 서로 사양해 공유지가 만들어지고 잉여가 빈고 외부의 연대자에게 흘러가는 금융 시스템을 만들고 있습니다.

빈고가 생기면서 빈집 사람들은 공유 공간의 보증금에 자유롭게 자신의 돈을 보냈다가, 집을 나갈 때 찾아가거나 남겨 놓고 나갈 수 있게 되었습니다. 마치 은행에 저축하고 출금하고 대출받는 것처럼 유연하게요. 덕분에 사람과 돈은 언제든지 드나들지만 집은 안정적으로 유지될 수 있었습니다. 또 원하는 집을 구하기 위해서는 목돈을 모으는 것이 아니라 마음이 잘 맞는 친

지음

구 두 명을 더 구하기만 하면 되었어요. 10년간 30여 개의 집과 가게와 사무실 등의 공유 공간을 계약해 그곳에서 살거나 일을 했습니다.

공동체 활동에 자금이 필요할 때에도 빈고를 이용할 수 있습니다. 해당 공동체의 구성원들이 동의한다면 각자 개인적인 사정으로 돈이 필요한 경우에도 빈고의 자금을 이용할 수 있고요. 이용자들은 자기 상황에 따라 분담금을 내거나 내지 않을 수 있는데, 이때 이용자들이 낸 분담금은 빈고의 잉여금이 됩니다. 잉여금은 출자자든 이용자든 사용할 수 있고, 빈고의 외부 연대 활동에도 쓰입니다. 빈고는 적지만 꾸준히 잉여금을 적립해 오고 있어요. 또 출자한 사람이 돈이 필요한 경우 반환해 줄 수 있도록 준비하고, 빈고에서 탈퇴할 경우에는 배당을 받을 수 있도록 해서 출자자의 부담을 줄였습니다. 빈고에는 전 재산에 가까운 돈을 출자하는 사람들도 있습니다. 누가 돈을 더 소유하고 덜 소유하고 있다는 차이를 인정하더라도, 이를 모두 공유해서 누릴 수 있다면 모두가 함께 기쁠 수 있다는 것을 빈고를 통해 알게 되었어요.

빈집들의 금고로 시작한 빈고는 공동체의 형태가

다양해지고 지역적으로도 넓어지면서 보다 일반적인 금융조합으로 성장했습니다. 현재 전국 500여 명의 조합원이 6억 정도의 공유 자산을 모아 두고, 10여 개의 공유지와 40여 개의 공동체를 이루며 함께 하고 있습니다. 저는 지금 빈마을에서 만난 친구들과 함께 충남 홍성에서 살고 있는데요. '빈땅조합'이라는 공유지 조합원들과 함께 빈고의 공유자원을 활용해서 땅을 구하고, '공유주거협동조합' 조합원들과 같이 공유주택 키키를 지어 살고 있습니다.

살고 싶은 장소가 있을 때 혹은 하고 싶은 일이 있을 때 조합원들을 설득할 수 있다면 돈이 장애물이 되지 않는다는 것이 무척 매력적으로 느껴져요. 그것이 바로 선생님이 강조하신, 자본에서 독립하고 공동체에 의지하는 독립의 형태가 아닌가 하는 생각도 들었어요.

긴 이야기 끝에 솔직해지자면, 저는 주거비, 그러니까 '독립'을 위한 돈을 벌기 위해 하기 싫은 일을 억지로 하지 않아도 된다, 함께 살며 적게 쓰면 된다라는 20년 전 '빈집'의 모토에 끌렸어요. 당시 '빈집' 구성원의 상당수가 백수였다는 사실에 솔깃해지고요……. 그래서 돈을 벌기 위해 꼭 참고 일하지 않는 선

지음

택지도 있다는 가능성은 여전히 무척 소중하게 느껴집니다. 한편으로는 일의 재미와 보람이 분명 있다는 사실 그리고 하고 싶은 일과 하기 싫은 일이 뗄 수 없이 붙어 있기도 하다는 사실을 인정해야 할 것 같아요. 결국 흥미를 잃지 않고 계속해 나가는 것, 일이 덜 힘들도록 바꿀 수 있는 것을 조금씩 바꿔 나가야 한다는 생각을 하고 있어요. 독립이라는 단어 앞에서 벗어나야 할지 지속해야 할지 갈팡질팡하는 청년들을 위한 마지막 한 말씀을 부탁드립니다.

제가 있는 시골에서는 저도 청년이고 저 역시 늘 일에 대해 고민하고 있어요. 당연한 말이지만, 자유롭게 살기 위해서는 자유롭게 일할 수 있어야 합니다. 최저 임금 투쟁과 노동 시간 단축 투쟁은 여전히 모두가 단결할 수 있는 가장 중요한 싸움이라고 생각합니다. 할 수 있는 만큼 일하면서 최소한의 삶을 보장받을 수 있도록 하자는 것이니까요.

　　빈집에서 백수들이 즐거울 수 있었던 것은 자체적으로 노동 시간을 줄이고, 불필요한 것들을 사지 않고, 필요한 것을 함께 만드는 작업이 재미있었기 때문이라고 생각해요. 빈집에서 텃밭 농사를 짓고 밥을 해서 같이 먹고 설거지와 뒷정리를 하는 일은 돈을 받는 일이 아니었지만, 반대로 돈이 필요하지도 않은 놀이 같은 것으로 느껴졌습니다. 빈집 사람들이 협동조합으로 같이 운영한 빈가게의 별칭은 '해방촌 일놀이터'였어요.

여전히 빈집이 운영되고, 모든 백수들이 조금만 일하고도 살 수 있음을 증명하고 있다면 자신있게 하기 싫은 일을 당장 그만두고 같이 놀자고 얘기할 수 있었겠지요. 하지만 안타깝게도 그렇지는 못합니다. 어쨌든 일은 중요하고 어떤 식으로든 계속해야 하는 것인 만큼, 노동에 대해 좀 더 진지하게 생각하고 더 멀리 보면서 집단적으로 또 전략적으로 같이 고민했으면 좋지 않았을까 반성하고 있어요. 번 돈을 출자해서 모두와 공유할 수 있는 빈고 같은 시스템과 함께라면 노동은 공유지와 공동체를 늘리는 훌륭한 방법이 될 수 있다고 생각합니다.

편집자님이 책을 만드는 것처럼, 작든 크든 타인에게도 좋고 스스로에게도 좋은 무언가를 생산하는 일은 정말 중요합니다. 단순히 소비하지 않고 스스로 생산해 내는 일이니까요. 그 과정에서 즐거움도 있고요. 제가 있는 홍동 마을에서는 돈이 안 되는 농사를 짓지

지음

만 소비하지 않는 데에 자부심을 느끼며 서로 나누고 즐기며 사는 사람들이 제법 있습니다. 협동조합을 만들어 가게, 빵집, 장터, 술집, 숙소 등을 근근이 운영하지만 이를 바탕으로 수많은 동아리와 모임이 만들어져 심심할 틈이 없습니다.

만남을 피하고 서로 거리를 두는 것이 낫다는 것이 사회의 지배적인 분위기입니다. 저 역시 함께 살기의 어려움을 잘 알고 있어요. 하지만 만남을 회피할수록 점점 더 즐겁게 만나는 방법과 능력을 잃어버리게 될지도 모릅니다. 다른 사람들과의 관계를 잃어버리고 오로지 돈을 매개로 한 관계만 남는다면, 여기에 어떤 희망이 있을까요? 가난하게 홀로 죽지 않고 부유하게 홀로 죽기 위해서 평생을 경쟁해야 할까요? 진정한 독립이란 함께 자유롭게 살아갈 수 있는 능력을 키우는 것, 즐겁게 함께 사는 방법을 만들어 가는 것이 아닐까요?

Q 지금 나를 가장 구속하는
관계는 무엇인가요? 그 관계가
답답한 이유는?

Q 그 관계에서 독립한 후에
새로 만들고 싶은 관계는 어떤
모습인가요?

A 어제의 나. 책임지기 힘든
말들을 많이 해서 오늘의 내가
답답하다.

A 조금 더 나은 말들을 하고,
내일의 나에게 떠넘겨야지.

한국인의
시민 수업

황소희

황소희   연세대 정치외교학과 졸업 후 동 대학원에서 정치사상을 공부했고 리처드 벨라미의 『시민권』을 번역했다. 민족사관고등학교에서 정치학 교사로 근무하며 시민을 길러내는 교육이란 어때야 하는지를 고민하고 있다. 아이들을 가르친다는 것은 콩나물시루에 물을 주는 것과 비슷하다는 이야기를 좋아한다. 헛수고처럼 보이는 일들의 힘을 믿는다.

[독립]적이면서 사랑할 줄 아는 시민이 되는 열린 수업

"혼자라서 불안한 분들은
어느 곳이 되었건 새로운 '우리'를
찾아 나서 보세요.
'우리'라고 느끼는 이들이 있다면
그들과 함께 더 많은 일들을 도모해 보세요."

지금 대한민국에서는 시민들이
자라나고 있을까?

안녕하세요. 하나의 이야기를 들려드리면서 강의를 시작해 보겠습니다. 이건 작년에 제가 직접 목격했던 일입니다.

여행 가방부터 시작해 온갖 짐을 들고 마을버스에 올라탄 한 남성이 있었습니다. 버스에 남은 좌석이 없어 힘겹게 균형을 잡으며 서서 가던 그는 버스의 예상치 못한 흔들림에 그만 손에 쥐고 있던 스마트폰을 놓쳐 떨어뜨리고 말았습니다. 그리고 그 스마트폰은 공교롭게도 바로 앞에 앉아 있던 한 여성의 머리로 떨어졌습니다. 생각보다 큰 소리에 놀랄 수밖에 없었는데, 그날 저를 더 놀라게 했던 것은 그 여성의 반응이었습니다. 스마트폰을 떨어뜨리자마자 연신 죄송하다고 말하는 남자에게 내 머리가 너무 아픈데 어떻게 보상할 거냐며 거듭 따지더니, 아무래도 당신 머리라도 때려야겠다며 남자의 머리를 퍽 하고 때리는 겁니다.

제가 근무하고 있는 고등학교 현장에서 고등학생들에게 이런 사례를 소개하면 대부분의 학생들은 놀라고 황당하다는 반응이긴 하지만, 제가 학생들에게 상대의 머리를 때린 여성의 행동이 잘못된 것인지, 잘못이라면 정확히 무엇이 잘못이고, 왜 잘못인지를 캐묻기 시작하면, 학생들은 마치 이런 질문을 처음 들어본다는 듯 선뜻 대답하지 못합니다. 그리고 잠시간의 침묵이 지나면 이렇게 되묻는 학생들이 등장하기도 합니다. "그러면 내가 입은 피해를 그냥 참으라는 건가요?"

이제 이 강의에 참여하실 여러분에게도 묻고 싶습니다. 나에게 피해를 준 사람의 머리를 때린 것은 옳지 못한 행동일까요? 그렇다면 무엇이 잘못된 걸까요? 그 사람은 자신이 입은 피해에 대해 어떻게 보상받아야 했

황소희

던 걸까요? 각자 나름의 답을 생각해 보셨다면 이어 이런 질문도 던져 보겠습니다. 부당한 일을 참다 보면 호구가 되는 것 아닌가요? 예전에 오은영 박사님도 적절한 공격성을 기르는 게 중요하다[1]고 하지 않았나요? 다양한 사람들이 모여 사는 사회인만큼 저들의 대처도 함부로 옳다 그르다 판단할 수 없는 것 아닐까요?

시민교육의 책임은 학교에 있습니다

제가 소개한 사례가 꼭 아니더라도, 인터넷에서 화제가 되는 다양한 사건들이 있죠. 지하철에서 담배를 피면서 '제 마음이에요'라고 답하는 한 남성분의 이야기[2]라든지, 고속버스 좌석 등받이를 최대한으로 눕히고는 '뒷사람 불편할까봐 내가 불편할 수는 없다'고 말하는 한 여성분의 이야기[3]라든지······ 이런 자극적인 사

[1] CJ ENM 유튜브, 「스타특강쇼: 청춘이여 공격성을 길러라」, 2013년 2월 13일.
[2] 「지하철에서 담배 피우며 "제 마음이에요"···황당한 30대남」, 《MBC》, 2021년 6월 17일.
[3] 「"불편하면 차 끌어" 고속버스 등받이 민폐 승객 논란」, 《쿠키뉴스》,

건들이 사람들 입에 오르내릴 때마다 제 직장인 학교가 끌려 나올 때가 많습니다. 요즘 학교에서는 도대체 뭘 가르치길래 저런 사람들이 눈에 보이냐는 이야기부터 시작해서 요즘 아이들의 시민 의식이 부족하다, 바람직한 사회 구성원으로 자라날 수 있도록 제대로 교육해야 한다는 이야기가 늘 함께 나옵니다.

시민을 길러내기 위해 현장에서 고군분투하고 있는 교사 입장에서는 사람들의 질타가 때로는 억울하기도, 때로는 뜨끔하기도 합니다. 아이들은 학교에서만 뭔가를 배우는 게 아니라, 가정에서도 사회에서도 많은 것들을 배우는데, 학교가 책임져야 할 부분이 점점 더 많아진다는 생각이 들기도 하구요. 또 학교에서 뭔가를 가르친다고 해서 그것들이 학생들에게 고스란히 흡수된다는 보장도 없는데, 교육과정에 새로운 내용을 추가하자는 사람들은 가르치고 배우는 과정을 너무 간단하게 보는 것이 아닐까 하는 생각을 하기도 합니다. 그럼에도 시민교육의 책임이 그 어느 곳보다도 학교에 있다는 사실을 부인하고 싶지는 않습니다. 그동안 학교 현

2023년 10월 17일.

황소희

장에서 다양한 학생들과 부딪히며 좌절하는 만큼 아이들의 놀라운 변화도 목격해왔기에 학교에서만 해낼 수 있는 일이 있다는 사실에 대한 굳은 확신이 있거든요.

그래서 오늘은 강의를 통해 여러분들과 '시민을 길러내는 교육'이라는 주제를 함께 이야기해 보고자 합니다. 시민을 길러내는 교육이 무엇인지 함께 고민해 볼 수 있도록, 제가 경험하는 요즘 학교 현장의 모습이 실제로 어떤지, 요즘 학생들이 예전과는 어떻게 다른지, 왜 요즘 아이들이 달라졌는지, 지금의 상황들을 어떻게 헤쳐나가야 할지에 대한 이야기를 여러분들과 함께 나눠 보고 싶어요.

이때 시민은
'도시에 사는 사람'이 아닙니다

'시민'이란 무엇일까요? 시민은 교육 목표에서 늘 언급되는 교육의 도달점 중 하나인데요.[4] 시민(citizen)이

[4] 내년(2025년)부터 전국 고등학교에 적용될 2022년 개정교육과정에 민주 시민 양성은 우리나라 교육의 중요 목표 중 하나로 명시되어 있다. 특히 사회과는 시민으로서의 자질을 갖추도록 하는 교과로 여겨진다.

라는 단어가 두 가지 의미를 동시에 가지고 있다 보니 많은 사람이 시민의 정확한 의미가 무엇인지 혼란스러워하기도 합니다. 표준국어대사전에 따르면, 시민의 첫 번째 의미는 '시(市)에 사는 사람'입니다. 시민 앞에 지명이 붙었을 때 이 의미로 사용되는 경우가 많죠. 한편 사전에 표기된 시민의 두 번째 의미는 '국가 사회의 일원으로서 그 나라 헌법에 의한 모든 권리와 의무를 가지는 자유민'입니다. 우리가 앞으로 이야기할 '시민'은 바로 이것입니다.

시민(citizen)이라는 단어에 이렇게 서로 다른 뜻이 동시에 존재하게 된 이유는, 시민이라는 단어가 서구권 전통에서 탄생한 단어이기 때문입니다. 우리가 '바람직한 공동체의 구성원'을 지칭할 때 사용하는 시민이라는 단어는 도시국가(polis, civitas, city-state)라는 특정한 형태의 정치 공동체에 거주하고 있는 사람들을 지칭하는 말로 탄생했습니다. 이러한 이유로 시민은 '공동체', '민주주의' 등의 키워드와 밀접한 연관이 있는 단어로 인식되어왔으며, 지금도 '시민사회', '민주 시민'과 같이 시민에 담긴 정치적 함의를 내포한 단어들이 자연스레 사용되는 것을 찾아볼 수 있죠. (앞으로 정부 홍보물이나

황소희

다양한 인쇄물에서 '국민', '시민'이라는 단어가 언제, 어떻게 다르게 쓰이는지 눈여겨보시는 것도 재미있을 겁니다.)

그런데 오늘 강의에서는 이런 정의와 어원은 일단 잊어 보려고 해요. 자유로운 논의를 하는데 방해가 될 것 같아서요. 그렇다면 여러분, 앞에 했던 이야기들과 관계없이 여러분들은 '시민'이라는 단어를 들었을 때 어떤 이미지를 떠올리시나요? 이웃에게 친절한 사람? 골목길을 청소하는 사람? 다른 사람들과 잘 어울려 사는 사람? 투표장에 나가는 사람? 법을 잘 지키는 사람? 자신이 가진 권리를 잘 누리는 사람? 시위나 집회에 적극적으로 참여하는 사람? 우리나라 교육에서, 특히 사회과 교육에서 중요하게 생각하는 '시민성 함양'이라는 단어를 들었을 때는 어떤 것들이 생각나시나요? '시민 교육'이라는 단어는 또 어떤가요? 인성 교육을 떠올리신 분들도, 에티켓이나 매너 교육을 떠올리신 분들도, 민주주의에 대한 강의를 떠올리신 분들도 있으리라 생각합니다.

일단 지금은 제각각의 생각들을 자유롭게 내버려 둡시다. 제가 하는 이야기들을 쭉 따라가면서 시민이란 무엇인지에 대해 나름대로 생각을 정리해보시면 좋겠습니다. 어느 정도 각자가 갖고 있는 생각을 충분히 펼쳐낸 이후에야 제가 앞으로 제시할 시민의 정의, 그리고 시민교육의 정의가 좀 더 깊이 있게 이해되실 거라 믿습니다. 일단 지금은 '시민'을 교육을 통해 길러내야 할 바람직한 인간상, 조금 더 좁혀 말해 학교 졸업 이후 사회 구성원으로서 제구실해낼 수 있는 사람이라 정리하고 다음 이야기로 넘어가 보겠습니다.

독립적인 개인들의 사회

실제 교육 현장에 있다 보면, 교육의 대상인 학생들도 어떤 교육이 바람직한지, 자신들이 교육을 통해 어떤 사람으로 성장해야 하는지에 대한 의견을 적극적으로 내는 경우가 많습니다. 아무래도 곧 성인이 되는 나이를 목전에 둔 고등학생들이다 보니, 준(準)성인이나 다름없는 자신들을 하나의 독립된 인격체로 대우해달라는 요구들이 주를 이룹니다. '제 판단을 존중해주세요', '제 삶은 저의 것입니다' 등의 문장으로 뭉뚱그려질 수 있는 수많은 요구들 말입니다. 그래야만 자신들이 타인에게 의지하지 않은 채 자율적으로 사고하고, 판단하

황소희

고, 행동하는 법을 배울 수 있다고 주장하면서요.

그런데 요즘 들어 자신들을 독립적인 인격체로 대우해달라는 학생들의 요구들 중 새로운 양상의 요구들이 눈에 띄기 시작했습니다. 제가 경험했던 사례들을 잘 추려서 각색해 보자면 이런 식입니다.

"선생님, 왜 학교 행사에 전교생이 참석해야 하나요? 참석 여부는 개인에 선택이어야 한다고 생각합니다."

"타인에게 인사할지 말지는 개인의 선택이고 자유에요. 우리 학교의 문화라는 이유만으로 강요받고 싶지 않아요."

"제가 학교에 입학하기는 했지만, 학교의 규칙에 명시적으로 동의한 적이 없는데 왜 따라야 하죠?"

이들 모두 학교에서 권위적으로 무언가를 주입하거나 강요할 것이 아니라, 교육의 대상인 학생들이 '독립적으로' 사고하고 판단할 수 있는 자유를 달라고 요구하고 있는 셈입니다.

'독립적인 개인'에 초점을 맞춘 학생들의 요구는 이런 방향으로 이어지기도 합니다.

"수행평가를 조별로 진행하는 것은 바람직하지 않

습니다. 타인에게 의지하지 않고 개인이 혼자서 해내는 경험이 무엇보다도 중요합니다."

"기숙사 생활에서 '연대 책임(collective responsibility)'을 강조하는 것은 부당합니다. 각자의 삶은 각자 알아서 챙겨야 하기 때문입니다."

"국가가 개인의 권리와 이익을 보호하기 위해 존재하듯, 학교 역시 학생들 개개인의 권리와 이익을 보호하기 위해 존재하는 것입니다. 제 권리를 침해하지 마세요."

그리고 '독립적인 개인'으로서의 자율적인 사고와 판단은 교과서에 적혀 있는 문장에 대한 의심으로도 이어지기도 하죠.

"인간이라면 누구나 존엄한 것이 맞나요? 저는 범죄자는 인권이 없다고 생각하는데요. 그런 인간은 고문해도 되지 않아요?"

"여성이 차별받는다는 것에 동의하지 않는데요. 제가 찾아본 자료에서는 그렇지 않았어요."

"왜 정의로운 사회를 만들어야 하나요? 정의를 추구하다가 내가 손해 보는 일이 생기면 저는 정의를 포기할래요. 사람마다 중요하게 생각하는 가치가 다를 수 있는 거잖아요."

　이런 질문들이 학구적 호기심에서 출발해 앞으로 발전시킬 사고의 초석이 된다면 다행이지만, 일부 학생들이 우리 사회가 이뤄온 사회적 합의를 일종의 '편향된 의견'으로 치부하며 더 이상의 논의를 차단하려 할 때 교사로서 어떻게 대응하는 것이 좋을지 고민이 깊어집니다.

개인주의자는 시민이 아닌가요?

'독립'과 '자율'을 명목으로 자신의 권리와 자유를 앞세우는 학생들은 여러분이 생각하는 바람직한 시민의 모습과 얼마나 닮아 있고, 또 얼마나 멀리 있나요? 이런 질문도 함께 드리고 싶어요. 교사나 기존의 지식이 갖는 권위에 순종하는 사람보다는, 뭐든지 의심하고 반박하는 사람이 더 낫지 않을까요? 2015년 출간되어 주목을 끌었던 『개인주의자 선언』에서 저자는 이렇게 말하기도 하는걸요. "만국의 개인주의자들이여, 싫은 건 싫다고 말하라. 그대들이 잃을 것은 무난한 사람이라는 평판이지만, 얻을 것은 자유와 행복이다."[5] 공동체의 눈치를 보게 만들며 개인의 자유를 억압하는 집단주의적인 사회 분위기 속에서 개인주의적인 가치들이 좀 더 주목받아야 한다던 저자의 주장이 당시 여러 사람의 공감을 얻었듯, 사생활 존중, 다양성 존중도 이 시대의 중요한 시민의 덕목이지 않을까요.

하지만 실은 교실에 이런 학생들만 모여 있다면, 그리고 공동체의 문화나 규범, 교과서에 실린 사회적 합의들이 계속해서 의심받기만 한다면, 꼭 시민교육이 아니더라도 어떤 교육이든 가르치고 배우는 작업이 이루어지기가 참으로 어려운 환경이 됩니다. 위에서 이야기한 학생들은 나의 권리를 제대로 누리는 것을 너무나 중요한 일로 여기기에, 왜 다른 사람을 배려해야 하는지, 왜 공동체의 규범을 따라야 하는지, 왜 공동체를 위해 때로는 희생해야 하는지를 계속해서 묻습니다. 어쩌다 이런 학생들이 생겨났고, 또 이런 학생들의 주장이 타당하게 여겨지기 시작했을까요?

시민이란 무엇이고, 시민을 길러내기 위해서 어떤 교육이 필요한지를 저와 함께 고민해주고 계신 여러분

[5] 문유석, 『개인주의자 선언』(문학동네, 2015), 57~58쪽.

　　　　　　황소희

들에게 질문을 드리고 싶습니다. 위에서 이야기한 학생들의 요구, 그리고 교과서 문장들에 관한 질문에 어떻게 대응하는 것이 바람직하다고 생각하시나요? 애초에 맞고 틀림이 존재하지 않는 가치관의 영역이라면, 이미 다른 가치관을 가진 사람에게 타당한 이유를 설명하는 것이 가능하긴 한 걸까요? 우리가 이뤄온 사회적 합의나 공동체의 규범을 맞고 틀림이 있는 지식처럼 가르쳐도 되는 걸까요? 안 된다면 어떻게 가르쳐야 할까요?

생각해 봅시다

강의를 열었던 사례에서 여성분은 정확히
무엇을 잘못한 걸까요?

세영   이 이야기가 무척 충격적이었어요. 너무 아프면 저도 비명이든 욕이든 뭔가 튀어나왔을 것 같은데, 픽 때리는 건 또 다른 일이잖아요. 짐이 많은 사람이 힘겹게 서 있다면 자리를 양보할 법도 한데……. 그렇지만 출퇴근길 지하철이 언제나 힘든 직장인으로서, 스트레스 상황에서의 예민함에는 공감이 돼요. 옆사람의 몸이 닿을 때, 누군가 휘청거리다 발을 밟을 때, 그럴 수밖에 없는 걸 알면서도 자극에 과민반응하게 되더라고요.

그래서 이분이 무엇을 잘못했나 생각하면, 보복의 무한 굴레를 만든 점이 아닐까 싶어요. 들려주신 이야기에서 사건이 더 이어지지는 않을까 조마조마했거든요. 머리를 맞은 분이 분기탱천하지는 않았을지…… 움직이는 버스에서 소란이 일어나지는 않았는지…… 좀 더 멀리까지 상상해 보자면, 남성분이 앞으로 누군가에게 실수를 하게 됐을 때 진심으로 미안한 마음이 들지 혹은 그에 앞서 한 대 맞고 말지라는 마음이, 보복이 두려운 마음이 들지…… 생각이 많아져요.

요즘 학생들이 바람직한 시민 의식을 교육받아야 한다면, 여러분이 생각하는 바람직한 시민의 정의는 무엇인가요?

미선 막상 답하려니 무엇을 기준으로 잡아야 할지 무척 어렵습니다. '시민'이라는 단어가 큰 힘을 발휘하지 못한다고 생각한지 오래되었는데, 평소의 그 생각을 뒤집으니 저에게 시민이란 '공동체가 함께 겪는 문제에 귀 기울이고 합리적인 방식으로 해결해 나가는 주체' 정도의 의미를 갖고 있는 듯합니다.

이런 의미에서 바람직한 시민이란 자신이 대하는 낯선

황소희

타인이나 자신이 속한 무리의 문화·규범·양식 속에서 자신의 의사와 욕구를 잘 풀어내는 방법을 아는 이가 아닐까 해요. 개개인의 자유나 바람은 물론 중요하고, 내가 속한 집단의 규범에 '명시적 동의'를 한 적이 없는 것도 맞지만⋯⋯ 이와 같은 조약의 형식을 급히 빌려오기에 앞서 나 대 타인, 나 대 집단의 차이를 풀어나갈 방법을 잘 알아가는 것이 우선 아닐까요. 모든 일을 전쟁처럼 치를 수는 없는 노릇이니 말입니다. 이렇게 보니 '시민 교육'이 사회과의 중요한 학습 목표인 점이 새삼 특별하게 다가오네요.

두 번째 수업

아이들은 무엇을
두려워하고 있을까?

두 분 모두 솔직한 이야기를 나눠 주셔서 감사드려요! 실제 수업에서도 떠오르는 대로 무엇이든 바로바로 이야기해 주는 학생들이 늘 고맙더라구요. 그런 생각의 과정 위에 놓인 답변들에 늘 수업에 가장 도움이 되는 보석들이 숨겨져 있기도 하고요. 두 분 모두 답변을 통해, 시민이라는 단어로부터 '다른 사람과의 관계 맺음'

이라는 키워드를 꺼내주셨다는 생각이 들어요. 시민 됨에 있어 이 사회를 함께 살아가는 다른 사람과 어떻게 관계를 설정해 나가야 하는가는 실제로 매우 중요한 문제죠. 그러면 '관계'라는 키워드와 함께 다음 주제로 넘어가 볼까요? 이번에는 여러분들과 함께 근래 몇 년 사이에 이런 새로운 유형의 아이들이 등장하게 된 배경이 무엇인지 함께 고민해 보려고 해요. 우선은 제가 학교에서 경험했던 이야기들을 먼저 해보겠습니다.

저는 수업 첫 시간에 늘 새롭게 만나는 구성원들과 함께 자기소개 시간을 갖습니다. 매번 학생들에게 소개해달라고 부탁하는 질문은 달라지지만, 많은 경우 인생의 좌우명이나 중요하게 생각하는 가치를 꼭 물어보려고 해요. 과목이 과목이니만큼(여러분은 어떻게 느끼실지 모르겠지만, 사회 과목은 단순 암기 과목이 아니라 다양한 가치관의 옳고 그름을 적극적으로 고민해볼 수 있는 과목이랍니다.) 학생들이 수업에서 자신의 가치관을 드러내고 공유하는 것을 두려워하지 않도록 하기 위함인데요. '매사에 최선을 다하자', '늘 솔직하자' 같은 클래식한 좌우명들 사이로 몇 년 전부터 유독 자주 눈에 띄는 문장이 있습니다. '다른 사람들에게 민폐 끼치지 말자.'

또 다른 이야기입니다. 요즘은 대부분의 학교폭력이 사이버상에서 일어난다고 하죠. 저희 학교에서도 학생들 사이에서 SNS가 문제가 될 때가 많은데요. 그날도 익명 게시판에 저격글이 올라와 하루종일 학생들의 화젯거리가 된 날이었습니다. 쉬는 시간에 이야기를 나누던 두 친구도 그 글을 읽었냐며 대화를 이어 나가다, 한 친구가 급하게 대화를 마무리하며 이렇게 말하더군요. "근데 알빠임? 빨리 오늘 있는 퀴즈 준비나 하자."

여러분들은 이 두 가지 이야기에서 어떤 것들을 읽으셨나요? 이런 이야기를 주변 사람들에게 해 보면, 어떤 분들은 확실히 요즘 학생들은 예전 학생들에 비해 서로의 영역을 함부로 침범하지 않고 살아가는 법을 잘 배웠다고 칭찬하기도 합니다. 하지만 저는 이런 일화들에서 공동체에서 유리되어 '독립적인 개인'이 되고자 하는 아이들이 보입니다. 자신의 공간을 침범받고 싶지 않고, 타인에게도 그다지 큰 관심을 보이지 않는 이런 학생들. 타인과 적극적으로 관계를 맺지 않는 것이 더 안전하다고 여기는 아이들에게서 저는 불안과 두려움을 읽습니다.

도태될 거라는 불안에
시달리는 아이들

웬 갑자기 불안이냐고요. 2017년 KDI에서 4개 국가의 고등학생들을 대상으로 '고등학교'가 어떤 이미지인지에 대한 설문을 시행한 적이 있습니다.[6] 제시된 세 가지 선택지 중 (① 함께하는 광장 ② 거래하는 시장 ③ 사활을 건 전장) 한국의 경우는 응답자 중 무려 80.8퍼센트에 해당하는 학생들이 '사활을 건 전장'을 선택했습니다. 저는 여기서 단순히 한국의 치열한 입시경쟁만을 이야기하려는 것이 아닙니다. 학생들이 고등학교를 전장으로 느끼는 이유가 입시 제도나 내신 평가 제도에만 있다면, 수많은 교육 개혁에도 반응하지 않고 계속해서 높아지는 청소년들의 불안을 설명하기 어려울 테니 말입니다.

요즘 아이들의 자기중심적 모습, 그리고 조금도 손해 보지 않으려는 이해타산적인 모습을 이야기할 때, 저는 그 아이들 마음속에 내재한 '도태에 대한 불안'을 놓쳐서는 안 된다고 생각합니다. 그 아이들에게 이 세

[6] 김희삼, 「저신뢰 각자도생 사회의 치유를 위한 교육의 방향」, 《KDI Focus》(2018).

상은 무한경쟁 그 자체이고, 레이스를 함께 달리는 경쟁자들에게 뒤처질까 늘 불안해합니다. 어떻게든 앞으로 달려나가야 하기에 주변을 돌아볼 여유도 없습니다. 다른 사람에게 민폐 끼치지 말자는 좌우명을 가진 아이들은 이런 걱정을 하는 듯합니다. '다른 사람의 앞길을 방해하는 '민폐'는 정말 해서는 안 되는 일이고, 그랬다가는 주변 사람들에게 '손절' 당하고 '나락' 갈지 모른다.' 동시에 이런 친구들일수록 '민폐'를 끼치는 타인에게 아주 냉정하죠. 그리고 '알빠임'이라는 단어를 입 밖으로 내뱉는 아이들은 그러면서 이렇게 마음을 다잡고 있는지도 모릅니다. '다른 사람 일에 엮여 들어갔다가 내 할 일을 제대로 못 해내면 안 되지. 내 앞가림도 잘 못하는데 오지랖 부릴 순 없어.'

아이들은 왜 이 세상을 늘 경쟁으로 바라보고, 그 경쟁에서 뒤처지고 도태될까 조급한 걸까요? 저는 아이들이 단순히 돈을 잘 벌고 싶은 욕심에, 더 높은 지위에 올라가고 싶은 욕심에 이러는 게 아니라고 생각해요. 제가 느끼기에 아이들은 '내가 경쟁에서 이기지 못하면, 인간다운 삶을 살아가지 못할까봐' 두려워하고 있습니다. 그리고 '내가 실패하거나 도태되면 아무도 나를 거들떠도 보지 않을까봐' 두려워하고 있습니다.

경쟁에서 이기지 못하면 인간다운 삶을 살아가지 못할까 봐 두려워한다는 게 과장처럼 들릴 수도 있겠지만, 실제로 대한민국은 경쟁에서 이긴 소수[7]만이 인간의 존엄성을 지키며 인간답게 살아갈 수 있는 사회가 되어가고 있습니다. 월에 2000만원 이상을 버는 고소득자들 중 절반이 자신을 '하층'에 해당한다[8]고 대답할 정도로 '평범하고 행복한 삶'을 누릴 수 있는 조건이 점점 더 성취하기 어려운 것이 되고 있을 뿐만 아니라, '평균적 삶' 아래에 놓인 사람들의 삶은 아예 지워지거나 멸시의 대상이 되고 있습니다. 가혹한 능력주의 사회에서 경쟁에서 탈락한 것으로 여겨지는 사람들은 비참한 일을 겪거나 심지어 목숨을 잃어도 연민과 동정을 받지 못합니다.

우리 사회는 경쟁에서 탈락하거나 실패한 사람들

---

[7] 한국에서 인간으로 존중받고 살아가려면 상위 10퍼센트에 들어야 한다는 한 한 칼럼은 한국에서 인간으로 존중받고 살아가려면 상위 10퍼센트에 들어야 한다고 주장한다. 「평등하지 않은 세상을 꿈꾸는 당신에게」,《주간경향》, 2023년 7월 17일.
[8] 「2천만원 이상 고소득자 절반 "난 하층"… 사라지는 중산층」,《주간한국》, 2023년 10월 20일.

에게 유난히 가혹합니다. 심지어는 재난과 같이 불운한 일을 겪은 탓에 어려운 상황에 놓여 있는 사람들에게마저 냉정합니다.[9] 그리고 우리 모두는 실패자에게 눈길 한 번 주지 않고, 사람대접하지 않는 가혹한 광경들을 목격하며 자연스럽게 학습합니다. '실패하면 어디에도 기댈 곳이 없구나.' 뭐든지 혼자 잘 해낼 수 있어야 하고, 잘 해내지 못하면 도태되는 것이 당연하게 여겨지는 사회 분위기 속에서 학생들은 혹여라도 자신이 일인분의 몫도 제대로 해내지 못하는 사람이 될까 봐, 복잡한 사회관계망 속으로 얽혀 들어가는 것을 방해물이라 여기며, 어디에도 기대지 못한 채 자신이 남들보다 뒤처지진 않을까 한없이 불안해합니다.

모든 종류의 헌신을 '열정페이'라며 조롱하거나, 혹은 다른 사람을 배려하거나 자신의 것을 양보하는 것을 보고 '호구'라 비하하거나, 공동체의 문화나 규범이 자신에게 손해가 된다고 여겨지면 합리성의 잣대로 거부하고 나서는 등 이른바 MZ 세대의 문화라 불리는 개인주의적이고 냉소적인 모습들도 실은 이러한 도태

[9] 「'방역 정치'가 드러낸 한국인의 세계: 각자도생의 경고」,《시사IN》, 2021년 1월 4일.

에 대한 불안은 두려움에서 기인한다고 생각합니다. 정확히는 패자 혹은 약자를 돌보지 않는 각자도생 사회에서 살아남지 못할까 하는 두려움에서요.

나약해서가 아니라 혼자라서 그렇습니다

여기까지 제 이야기를 함께 들어주신 여러분들은 어떤 생각이 드나요? 요즘 학생들, 더 넓게는 요즘 젊은이들이 겪고 있는 불안과 두려움에 대해 이야기하면, 일부 어르신들은 '요즘은 대학 안 나와도 성공할 수 있고, 혼자서 노력하면 못할 게 없는 세상인데, 요즘 애들은 하여튼 마음이 나약해서 뭘 하겠나'라는 말씀을 하시곤 합니다. 그렇게 불안하면, 차라리 죽을 각오로 경쟁에서 승리하라고 조언하고요. 또 어떤 이들은 똑같은 각자도생 사회에서도 이기적으로 행동하지 않는 사람들도 있는데, 몰상식한 이들의 몰상식한 행동에 지나치게 이유를 부여하는 것이 아니냐는 지적을 하기도 합니다. 둘 다 일견 맞는 부분이 있지만, 원인을 정확히 이해해야 해결책도 찾을 수 있지 않겠습니까.

황소희

2010년대 중반 처음 고등학교 교사로 부임했을 때, 저 역시도 제가 학교에 다니던 때보다 학생들이 느끼는 불안이 더 크다는 사실이 처음에는 쉽사리 이해가 되지 않았습니다. 수능 일부 과목에서 절대평가가 도입되고 대입전형이 간소화되는 등 경쟁을 유발하는 여러 제도들이 개선되고, 다양한 사람들의 성공담이 조망되면서 대학 간판이 주는 사회적 효용이 점점 줄어드는 것처럼 보였으니까요.

하지만 아이들과 이야기를 나눌수록 아이들이 삭막한 황야에 버려져 있다는 생각이 자꾸만 들었습니다. 뭐든지 혼자서 해내야 하고, 내 일은 내가 스스로 책임져야 하고, 능력이 없으면 못사는 게 당연하다고 여기는 사회 분위기 속에서 학생들은 모든 걸 홀로 감당해야 한다는 생각에 늘 긴장 속에 살아가는 듯합니다. '누칼협(누가 칼 들고 협박했냐)'이라는 말을 처음 들었을 때의 충격도 기억합니다. 자신이 처한 상황에 대한 힘듦을 호소하는 사람에게 네가 선택한 건데 왜 징징대냐며 조롱할 때 쓰이는 말이라고 하더군요. 이런 말이 유행하는 사회라니 우리 아이들은 도대체 어떤 사회를 살아가고 있는 것인지 서글퍼졌습니다.

저는 우리나라의 청소년과 젊은이들이 시달리고 있는 불안이 계속해서 심화되는 근본적인 원인을 '신뢰하고 연대할 수 있는 공동체 경험의 부재'에서 찾고자 합니다. 실패해도 존중받을 수 있다는 믿음이 없는 곳에서는, 인간답게 살기 위해 어떻게든 살아남아야 합니다. 어려움에 처해도 다른 이들에게서 도움의 손길을 기대할 수 없기에 모든 상황에 대비하기 위해 늘 고군분투해야만 합니다. 각자도생 사회를 살아가는 개인들에게 타인을 신경 쓰고 공동체의 문제에 관심을 갖는 것은 시간 낭비처럼 여겨지겠지만, 개인들이 공동체로부터 철저히 고립될수록 어디에도 기댈 데 없는 개인들의 생존 불안은 더욱 심화될 수밖에 없습니다.

독립이 선이 될수록 공동체는 파괴됩니다

근대 이후 자유주의적 규범이 상식이 되면서 독립적이고 자율적인 개인을 길러내는 것이 교육의 지상목표로 여겨져 왔고, 교육에 있어 여전히 매우 중요한 부분이 맞습니다만, 무한 개인책임을 강조하는 신자유주의적

황소희

경쟁 사회 속에서는 '독립' 혹은 '자립'이라는 단어가 강조될수록 오히려 아이들이 겪고 있는 불안은 증폭될 수밖에 없다고 생각합니다.

최근 서이초 사건 등으로 전 사회적 문제가 된, 언제나 내 아이를 앞세우는 '괴물 부모'의 탄생 원인으로 각자도생 사회를 든 『괴물 부모의 탄생』이라는 책이 무척 반갑게 느껴졌습니다. 한국 사회에서는 자녀에게 문제가 생기면 대부분 엄마 혼자 해결해야 했다는 사실을 짚은 내용이었어요.

저자의 주장대로 홀로 완벽하게 해내는 것이 불가능한 과업인 육아를 혼자 힘으로 해내야 하는 개인 책임의 일로 간주할수록, 그러한 버려짐의 경험들 속에서 내 몫을 앞세우는 개인들이 늘어가게 될 거라 생각해요. 괜히 다른 이들을 배려해봤자 나에게 돌아오는 건 하나도 없을 테니까요. 그리고 제대로 된 공동체를 경험하지 못해 차라리 자신만의 성을 쌓아 공동체로부터 자립하려는 개인들은, 이 책의 부제 '공동체를 해치는 독이 든 사랑'이 말하듯 적극적으로 공동체를 해치는 사람이 됩니다. 의지하고 기댈 공동체가 없어 불안해하는 개인들이, 또다시 공동체를 파괴하며 정말로 모든 개인을 철저한 혼자로 만들며 더 큰 불안 속에 빠지게 만든다는 말입니다.

　괴물 부모들로 인해 발생한 여러 비극적인 사건들을 겪으며, 초등학교 선생님들 사이에서는 '어떤 일이든 개입하지 않는 것이 상책'이라는 자조적인 이야기가 오간다는 이야기를 들었습니다. 아이의 미래를 걱정해서 했던 행동들이 괜한 오지랖으로 비쳐 민원의 대상이 될 수도 있으니까요. 아이들 일에 개입하지 않는 선생님, 잘못에 대해 훈계하지 않는 선생님 아래에서 학생들은 그야말로 각자도생의 상황에 놓이게 됩니다. 학생들 사이에 그 어떤 갈등이 발생하더라도 학생들 스스로 해결해야 하니까요. 뿐만 아니라 학생들은 소속감을 느낄 수 있는 공동체를 만들고 유지할 수 있는 역량을 훈련할 수 있는 기회조차 빼앗기게 됩니다. 나이가 어릴수록 친구와 함께 하는 시간과 기회를 교사가 적극적으로 만들지 못하니까요. 친구들과의 부대낌이 없으니 속상한 일이나 화나는 일도 없겠지만, 정서적인 교류를 통해 신뢰나 소통 능력, 공감 능력이 키워지기를 기대하기도 어려울 것입니다.

　'어차피 혼자 사는 세상'을 되뇌며 내 몫을 챙기는

데 골몰하는 개인들이 모여 있는 사회에서는 당연하게
도 사람들이 기대고 의지할 수 있는 공동체를 유지하기
위한 여러 사회자본들 역시 자연스럽게 침식될 수밖에
없습니다. 서로에게 관심이 없으니 서로 신뢰를 쌓기
위한 최소한의 시간과 경험 역시 부족하게 됩니다. 제
대로 알지 못하는 사람을 쉽게 믿을 순 없는 법이니까
요. 그리고 무한경쟁 속에서 내 것을 챙기느라 지친 개
인들은 나와 다른 사람을 이해하고 포용할 여유가 없습
니다. 말 그대로 지쳐 버려서 윤리적 고민도 사치가 됩
니다. 타인과 공동체에 의지할 수밖에 없는 사람들을
나약하다며 혐오하고, 내가 불리해지는 듯 보이는 사회
적 변화를 요구하면 위선자들이라며 냉소를 보냅니다.
이런 사회를 경험한 아이들이 다른 이의 아픔에 공감하
고 공동체의 문제를 함께 해결하기 위해 연대하는 어른
으로 자라나는 것은 기적 같은 일이 아닐까요.

극기훈련이 아니라
따뜻한 공동체를

타고난 권리와 자유를 누리는 당당한 독립적 개인이라

는 자유주의적 이상이 각자도생, 무한경쟁 사회와 만나며 변질되는 것을 느끼며, 해가 갈수록 불안한 청소년들이 늘어가는 교육 현장에서 주의해서 사용하려는 문장들이 생겼습니다.

첫 번째는 '너의 일은 네가 알아서 해결해야 하는 거야'라는 말입니다. 어떤 순간에는 자율적인 인간으로 성장하기 위한 과정에서 꼭 필요한 조언임에 틀림없지만, 이러한 메시지가 혹여나 공동체와 사회는 네가 죽든 살든 신경 쓰지 않는다는 메시지로 읽힐까 우려되기 때문입니다. '우리는 모두 다르고, 각자의 다름을 존중해야 해'라는 말도 조심스럽습니다. 공동체를 파괴하는 행위까지도 존중받고자 하는 사람이 자신의 행위를 정당화하는 데 함부로 그 말을 가져다 쓰지 않을까 걱정이 되기 때문입니다.

저는 불안에 시달리는 요즘 청소년들과 젊은이들을 바람직한 공동체의 구성원, 즉 시민으로 길러내기 위해 진정으로 필요한 건 소속감과 연대감을 느낄 수 있는 따뜻한 공동체를 경험할 수 있도록 해주는 것이라고 생각합니다. 그런데 요즘 사회 환경은 시민을 길러내기에 너무나 척박한 환경이에요. 특히 코로나가 불러온 단절과 인터넷이 불러온 초연결성은 양쪽 모두 시민교육을 도모하는 데 있어 크나큰 장애물이 되고 있습니다.

코로나 이야기부터 해볼까요. 코로나가 확산되던 초기에 인터넷에서 떠돌던 밈 중에는 똑같이 쇼파에 누워 자고 있는 사람의 사진 위에 각각 "2019: 게으름뱅이(Lazy Bastard)", "2020: 책임감 있는 시민(Responsible Citizen)"이라고 적혀 있는 것이 있었습니다. 격리가 일상이 되면서 이제는 밖에서 사람을 만나지 않고 오로지 집에 머무는 것이 훌륭한 시민의 덕목이 되었다는 것을 우스개로 표현한 것이었지만, 코로나가 끝나고 나서도 고립이 일종의 덕목으로 여겨지거나 당연한 습관이 될까 두려웠습니다. 뿐만 아니라 코로나로 인해 비대면 수업이 장기화되면서, 함께 밥을 먹고, 쉬는 시간에 시덥지 않은 이야기를 나누고, 인사하고 투닥거리고 같은 복도를 걷는 등, 학교에 다니는 우리가 하나의 공동체 안에서 서로 떼려야 뗄 수 없는 관계를 맺으며 살아가고 있음을 감각하게 하는 수많은 경험들이 순식간에 사라져 버렸습니다. 학교에서 수업만이 중요한 게 아니라는 교훈을 얻었다기에는, 아이들이 겪은 공동체 경험의 상실은 너무나도 치명적이었습니다.

　인터넷 및 기술의 발달로 도래하게 된 초연결 사회
의 여러 가지 특징들도 학생들이 타인과의 관계를 형성
하는 법을 제대로 배워나가는 데 있어 방해가 되고 있
습니다. 인스타그램을 비롯한 SNS는 간단한 검색과 팔
로우만으로도 이 세계에 있는 어떤 사람과도 연결될 수
있다는 착각을 하게 함과 동시에 연결이 쉬운 만큼 단
절 역시 쉽게 할 수 있다는 잘못된 인식을 학생들에게
심어줍니다. 인터넷 세상에서는 간단한 버튼 조작만으
로 내가 듣고 싶은 이야기만 듣고, 듣기 싫은 이야기는
바로 차단하고, 보기 싫은 사람은 '손절'하고, 마음에 드
는 커뮤니티가 있다면 어디든 가입하는 것이 가능해 보
입니다. 하지만 실제 우리가 살아가는 현실의 공동체는
그렇지도 않을뿐더러, 모든 것이 손쉬운 인터넷 커뮤니
티는 타인과의 복잡한 관계망 속에서 건강한 상호의존
을 추구하는 시민으로 자라나기 위해 필수적인 공동체
경험들을 제공해주지 못합니다. 몇몇 학생들이 교실에
서 왜 듣기 싫은 의견을 들어야 하는지 의문을 표할 때
마다, 인터넷의 파괴적 힘을 실감해 왔습니다.

　지금까지 각자도생 사회에서 요즘 청소년들이 겪

　　　　　　　　황소희

고 있는 불안과 그 결과들을 함께 이야기해보았는데요. 어느 정도 공감이 되셨는지 모르겠습니다. 저는 청소년 들에 겪는 불안과 두려움에 대한 근본적인 원인을 '공동체의 부재'에서 찾아보았는데요. 여러분들은 '공동체' 라는 단어에서 어떤 것들을 떠올리시는지 궁금해요. 저는 기댈 수 있고 의지할 수 있는 공동체를 이야기했지만, 여전히 공동체를 일종의 구속으로 여기는 사람들도 많은 듯하거든요. 실제로 수업에서 아이들과 얘기하다 보면 자의적으로 혹은 자발적으로 소속된 공동체를 벗어나기가 더 쉬워진 현대 사회의 조건 덕에 해방감과 자유를 느낀다는 아이들이 많아요. 마치 농촌과 도시를 비교하며 도시의 익명성이 자유롭고 독립적인 삶을 가져다준다는 주장처럼, 타인과의 관계를 심플하게 맺고 끊을 수 있는 온라인 공간이 쿨하고 깔끔하다는 주장도 있고 말이에요.

불안과 두려움에 사로잡힌 아이들을 바람직한 공동체의 구성원으로 키워내기 위해서는 무엇보다도 아이들이 겪는 불안과 두려움을 덜어주는 것이 급선무일 텐데요. 과연 공동체를 통해 이 문제가 해결될 수 있을까요? 아니면 불안을 없앨 수 있는 더 좋은 방법이 있을까요? 개인이 기댈 수 있고 의지할 수 있는 공동체란 어떤 것일까요? 그러한 공동체는 어떻게 만들고 또 유지할 수 있을까요? 그리고 학교는 그를 위해 어떤 역할을 할 수 있을까요?

생각해 봅시다

질문 하나, 여러분들은 대한민국 사회를 살아가며
무엇이 불안하고 두려우신가요? 불안하고 두려울 때는
그 마음을 어떻게 달래나요?

새벽 매일 회사에 출근을 해야 하고, 지각을 하지 말아야 하고, 가서 몇몇 오래된 문제들을 처리해야 한다는 불안이 가장 커요. 그 과정에서 누가 불호령을 내리지 않을까? 누군가 말을 바꾸지 않을까? 오늘도 저자가 마감일을 지키지 않을까? 라고 상상을 하면 두려움이 피어나는 거죠.

이런 마음을 달래는 방법은 첫째 쇼핑, 둘째 음주입니다. 책을 만드는 일을 할 때 가장 바탕에 깔려 있는 불안은 '이거 안 팔리면 어떡하지'인데요. 자본주의에서 팔아야 하는 입장에 서는 건 가라타니 고진이 말하듯 '목숨을 건 도약'을 감행하는 일이잖아요. 이런 판매자의 불안이 구매자의 입장

황소희

에 섰을 때 해소되는 건 당연하구요. 그리고 구매자가 되면 그저 돈을 가지고 뭐든 살 수 있다는 것만이 아니라, 새로운 물건이 약속하는 아주 자극적이고 적극적인 환상이 펼쳐지는데 이것은 지젝이 잘 묘사하고 있죠. 소비는 나를 '완전하게' 만드는 물건을 찾는 지속적이고 늘 만족되지 않는 과정이고, 그 원동력은 그런 특별한 물건이 존재한다는 '약속'이라고 말이죠. 그리고 음주는 의지할 수 있는 사람들과 술 마시는 일. 혼자 마시는 것도 좋지만 음주 공동체와 마시는 술을 너무 좋아합니다.

질문 둘, 기대고 의지할 수 있는 공동체를 경험해 본 적이 있으신가요? 그 공동체를 어떻게 만들고 유지하셨나요?

새벽 회사에는 잡지 《한편》을 같이 만드는 팀이 있고, 회사 밖에는 독서 모임들이 있어요. 저는 남에게 힘든 걸 얘기하기 꺼리거든요. 이게 자존심 때문이기도 하고 상대가 힘든 걸 얘기할 때 내가 힘드니까 내가 상대를 힘들게 하고 싶지 않기도 해서인데요. 그래도 다른 사람들이 '징징대는' 요령을 보고 따라하면서 많이 편해지고 사람이 달라졌어요.(《한편》12호 '우정') 이것이 진짜 사람 사는 방식이구나 하고 뒤늦

게 배웠습니다.

공동체를 처음 만들 때는 혼자가 너무 힘들고 외로우니까 용기백배로 몇 사람에게 문득 말을 걸었죠. 돌아보면 만드는 것보다 유지하는 게 천배 힘든데, 유지하기 위해 반드시 필요한 건 '모임의 불만이 분출했을 때 외면하지 않기'네요. 공동체 속 갈등이 뭔지를 제대로 이해해야 하고(이때 인문학이 진가를 발휘), 그러려면 '나'를 내려놓아야만 하는 순간이 오고, 그냥 대충 누리고 싶고 묻어가고 싶은 몇 가지 욕망을 결국 포기하는 폭력적인 과정을 거치고…… 그러면서 공동체가 좋은 말로 형태변화를 하더라는, 너덜너덜해도 대충 기워서 계속되더라는 그런 이야기입니다.(한잔하고 싶네요.)

계속 죽음 같은 고통, 폭력적인 국면을 이야기하게 되지만 선생님께서 미팅에서 들려주셨던 사랑에 대해서도 회상하고 있어요. 나를 내려놓기가 힘들다는 건 분노와 적개심에서 사랑으로 돌아서기가 힘든 건데, 이때 죽을힘을 내서 사랑으로 돌아서면 상황이 달라지는 거요. 아주 포근하기도 하고 슬픈…… 눈물을 쏟아야 하는 화해의 순간도 믿습니다.

황소희

마지막 수업
학교에서
배울 수 있는 것

불안에 대한 이야기를 나눠 주셔서 감사해요. 저는 대한민국을 살아가며 늘 막연한 불안을 느껴요. 제가 느끼는 불안은 이런 거예요. 우리 공동체에 어떤 문제가 발생했을 때 우리가 힘을 합쳐서 해결하지 못할 거라는 불안이요. 문제가 악화되는 걸 손 놓고 지켜봐야만 하는 상황이 올까 봐 늘 두렵고 무섭습니다. 10년 전의 저는 이런 불안을 조금이나마 다스리기 위해 학교에서 학생들을 만나는 일을 하기로 선택했던 것 같아요. 마지막 강의에서는 그 이야기를 해 보려고 합니다.

여러분들은 대한민국의 교육 기관을 거친 사회 구성원들이 어떤 교육을 받고 어떤 인간으로 자라나길 바라시나요? 저는 학교에서 제가 만나는 아이들이 타인에 대한 기본적인 연민을 느끼며, 타인의 고통에 무감하지 않은 인간으로 자라나기를 바랍니다. 우리가 살아가는 세상을 지탱하는 소중한 공동체적 가치들인 희생, 신뢰, 헌신, 연대에 공감하고 그것들이 결국 우리를 살게 한다는 믿음을 지닌 인간으로 자라나기를 바랍니다. 그리고 인간과 세상에 대한 애정과 희망을 바탕으로 각박한 현실 너머의 가능성을 바라보고 구성원들과 함께 악순환을 끊어낼 변화를 불러올 수 있는 '시민'으로 자라나기를 바랍니다. 저는 학교가, 그리고 학교와 같은 역할을 할 수 있는 다양한 공동체들이 그런 시민을 길러내는 공간이 될 수 있다고 믿고 있어요.

공동체 안에서만 우리는 인간답게 살아갈 수 있습니다

두 번째 수업에서 기대고 의지할 수 있는 공동체의 부재로 인해 발생하는 불안과 두려움을 이야기했는데요. 공동체가 도대체 무엇이기에 불안을 달래 줄 수 있다는 것인지, 혹은 공동체에 소속되어 각종 제약에 구속되느니 혼자 사는 것이 오히려 나은 것은 아닌지 이런저런 질문이 떠오르셨을 것 같기도 해요. 늘 공동체와 개인의 관계를 고민하는 정치철학자들의 대답에서 힌트를 얻으려고 하는데요. 우선 루소의 『사회계약론』의 첫 문장을 읽어 볼까요? 이상적인 정치 공동체와 시민에 대

황소희

해 논하는『사회계약론』1권 1장의 유명한 첫 문장은 아래와 같습니다.

> 인간은 자유롭게 태어나 어디에서나 쇠사슬에 묶여 있다. 자신이 다른 사람의 주인이라고 믿는 자가 그들보다 더 노예로 산다. 이런 변화가 어떻게 일어났을까? 모르겠다. 어떻게 하면 이 변화를 정당한 것으로 만들 수 있을까? 이 문제는 내가 풀 수 있다고 생각한다.[10]

제가 이 문장을 볼 때마다 전율을 느끼는 이유는 루소가 쇠사슬에 묶여 있는 우리의 처지를 짚으면서도, 분연히 떨쳐 내자고 주장하는 게 아니라 그것을 정당하게 만드는 법을 고민했다는 점 때문입니다. 루소는 인간은 타인과 관계를 맺고 살아갈 수밖에 없는 존재이며, 사회 속에서 살아가는 한 원하든 원치 않든 다양한 관계망과 규범들에 구속될 수밖에 없다고 여겼습니다.(한편 서로와 관계를 맺지 않는 독립적인 인간에 대한 묘

[10] 장자크 루소, 김영욱 옮김, 『사회계약론』(후마니타스, 2022), 11쪽.

사는 『인간불평등기원론』에서의 자연상태에 대한 서술에서 찾아볼 수 있습니다.) 루소에게 있어 타인과 관계를 맺지 않고 살아가는 것은 애초 우리 인간들에게 가능한 선택지가 아닙니다. 그렇기에 우리는 쇠사슬을 정당하게 만들 방법을 고민해야만 합니다. 루소는 오직 이상적인 사회계약을 통해서만 시민으로서 고양된 사람들이 공동체 구성원들과의 평등하고도 건강한 상호 의존(interdependence)을 달성하고, 그 안에서 진정한 인간다운 삶을 살 수 있다고 보았습니다. 바로 자유로운 삶이죠.[11]

모든 사람은 헌법에 있는 표현대로 '인간다운 생활'을 하며 살아가기를 바랍니다. 그리고 인간다운 삶의 조건들은, 모든 구성원을 동등한 존엄한 존재로 대우하고 공동체가 처한 문제를 함께 해결하려는 동료 구성원들로 이루어진 공동체가 존재할 때 비로소 보장될 수 있습니다. 구체적인 예시를 들어 볼까요. 2023년 여름

---

[11] 사람들 간의 관계가 건강한 상호의존이 아니라 일방적인 의존(dependence)이나 예속이 되고 착취가 되면 끝없는 불평등의 심화 끝에 결국 주인과 노예 상태에 도달하게 된다. '가짜 사회계약'이라는 단어를 통해 묘사되는 불평등의 심화는 『인간불평등기원론』에, 모두가 평등하고 존엄한 주체로서 하나의 정치 공동체를 이루게 하는 진정한 사회계약과 그를 통한 자유의 성취는 『사회계약론』에 담겨 있다.

황소희

신림역에서 칼부림 사건이 일어났을 때, 많은 사람들이 불안에 떨었습니다. 백주대낮에 번화한 시내 거리를 걷는 일이 위험한 일이 될 수 있다는 사실 자체가 충격이었죠. 만일 사회에서 모종의 이유로 살인을 비롯한 강력범죄율이 치솟는다고 해봅시다. 일단 돈을 많이 벌어서 상대적으로 치안이 좋다는 동네로 이사를 가고 사설 경호원을 채용하면 해결되는 일일까요? 또 사회에서 공교육이 망가져 버렸다고 칩시다. 역시 돈을 많이 번 후에 학군지로 이사를 가고, 고액 과외 선생님을 여럿 붙이면 해결되는 문제일까요? 사법 체계가 공정하지 않고 뒷거래가 만연한 사회가 있다고 해봅시다. 법조계에 인맥을 만들고 전관 변호사를 수임할 수 있는 재산을 탄탄히 쌓아두면 될까요? 당장은 경쟁에서의 승리 전략을 통해 인간다운 삶을 위해 필요한 것들이 확보되는 것처럼 보일지 모르지만, 사회 전반에 만연한 불신과 의심 속에서 내 것을 빼앗기진 않을까 늘 전전긍긍하며 살아가야 할 겁니다. 전전긍긍하면서 내 것을 지킬 수나 있으면 다행이죠. 해결되지 않은 채로 더욱 심각해진 사회 문제들의 여파에 더 큰 타격을 입는 것은 시간문제일 것입니다.

사람은 자신이 속한 공동체의 문제로부터 홀로 빠져나올 수 없을뿐더러, 모두가 서로를 존중하는 안전하고 신뢰할 수 있는 공동체를 만들어가려는 적극적인 노력을 통해서만 그 안에서 비로소 자신의 자유와 권리를 향유할 수 있게 됩니다. 우리가 교과서에서 천부적인 것이라 배우는 인권도 마찬가지입니다. 인권은 하늘에서 떨어지는 것이 아니고, 경쟁을 통해 승자만 쟁취할 수 있는 보상도 아닙니다. 서로를 존엄하고 평등한 존재라고 믿는 구성원들에 의해서 비로소 발견되고 존중되는 것이며, '우리 모두는 평등하다'고 믿겠다는 약속을 지키고자 끊임없이 노력하는 공동체 안에서 비로소 보장될 수 있습니다.

인간을 인간답게 만드는 존엄과 자유는 서로를 아끼고 존중하는 성숙한 동료 시민들로 구성된 공동체 안에서만 성취할 수 있다는 것은 어떻게 보면 너무나도 당연한 말이라, 20세기 이전까지만 하더라도 리버럴(liberal)이라는 말의 의미는 "시민으로서의 덕성을 표출하고, 공공선에 대한 헌신을 드러내며, 나와 타인이 연결된 존재라는 사실의 중요성을 존중하는 것"[12]이었다고 합니다. 지금과는 무척 다르죠? 다시 한 번 강조하

황소희

지만, 우리가 서로 연결되어 있다는 사실을 자각하고, 우리가 함께 만들어 낸 공동체 안에서 지속적으로 교류하며, 나의 문제와 너의 문제가 명확히 구분되지 않는 공동의 문제를 함께 해결해 나갈 때, 우리는 비로소 인간다운 삶을 누릴 수 있게 됩니다.

시민이란 우리의 힘을 믿는 사람

이런 의미에서 바람직한 사회 구성원, 즉 시민의 정의는 바로 '우리의 힘을 믿는 사람'입니다. 나와 너는 두 명의 개인을 넘어 '우리'라고 불릴 수 있다고 믿는 사람, '우리'가 함께 살며 '우리'의 문제를 함께 해결해 나갈 수 있다고 믿는 사람, 그리고 '우리' 안에서 나 역시도 자유와 행복을 누릴 수 있다고 믿는 사람만이 진정한 시민이 될 수 있는 가능성을 품고 있다고 생각합니다. 그렇게 우리의 힘을 믿게 되면, '우리'는 공동의 운명을 공유하는 동료이기에 함께 하는 길이 아무리 귀찮고 고되더라도 그 길을 선택할 수 있고, 다양한 관계망 안에서

[12] 헬레나 로젠블랫, 김승진 옮김, 『자유주의의 잃어버린 역사』(니케북스, 2023), 23~24쪽.

때로는 사람에 상처받고 다른 이에게 상처를 주더라도 '지지고 볶으며' 성장해 나갈 수 있게 됩니다. 동료 시민의 고통에 마음 아파할 줄 알기에 나의 행동이 공동체와 타인에게 미칠 영향을 늘 고민하게 됩니다.

'우리의 힘을 믿는다는 것'이 어떤 의미인지 설명하기 위해, 조금 유치한 비유를 들어 볼게요. 일터에서 퇴근한 아버지가 가족들과 함께 먹으려고 치킨을 사 왔는데, 아버지부터 막내까지 가족 구성원 모두 닭다리를 좋아합니다. 이때 닭다리를 누가 먹는 것이 공정할까요? 밖에서 돈을 벌어오는 아버지? 집안을 돌보는 어머니? 아직 초등학교 다니는 막내는 가정에 기여하는 게 없으니 조금만 먹어야 할까요? 아니면 막내에게 추후에 돈을 벌면 부모님께 얼마씩 드리라는 약속을 받아내고 일정한 몫을 떼어 줄까요? '공정한 몫 분배'를 금과옥조로 여기는 아이들도 제가 이런 상황을 진지하게 따져 묻기 시작하면 황당하다는 표정을 짓습니다. 가족끼리 뭐 그런 걸 따지고 있느냐는 표정이죠.

요즘은 '엑셀 부부'[13]라는 말이 나올 정도로 가

[13] 「살림·가사·육아 무조건 '반반'… 엑셀까지 만들어 따지는 3040 부부의 세계」, 《조선일보》, 2023년 4월 24일.

황소희

족 안에서조차 철저한 손익계산을 당연시하는 사람들
도 있다지만, 아직까지는 가족 비유가 합당하게 들리기
를 바라고 있습니다. 꼭 가족이 아니더라도, 여러분들이
강한 소속감과 연대감을 느끼는 '우리'를 한번 떠올려 봐
주세요. '우리'가 처한 문제를 대할 때, 손익계산이 늘 앞
서지는 않을 것입니다. 양보하고 배려하는 데도 억울함
이 생기기는커녕 오히려 뿌듯함에 얼굴에 미소가 지어
졌던 경험이 다들 한 번쯤은 있으시리라 생각합니다. 실
망하는 일이 생기더라도 관계를 바로 끊는 것이 아니라
한 번 더 대화해 보려 노력하게 되지 않던가요. 그런 마
음들을 주고받을 수 있는 '우리'라면 뭐든지 해낼 수 있
겠다는 생각에 마음 한편이 든든해지기도 하죠.

그런 면에서 교육의 지상목표로 여겨져 온 '독립적
이고 자율적인 개인'을 길러내는 일의 의미도 '우리'의
관점에서 다시금 제대로 이해되었으면 하는 바람을 갖
고 있습니다. 교육을 통해 길러내고자 하는 독립적인
개인은 아무도 들어올 수 없는 성벽을 둘러친 채로 홀
로 서 있는 고립된 개인이 아닙니다. 진정으로 독립적
인 개인은 다양한 사회관계망 안에서의 경험을 통해 주
어진 자리를 찾아 나가고, 필요하다면 다른 이에게 기

델 자리를 내어줄 수 있을 정도로 강건한 버팀목으로서 주어진 자리를 지켜 나가는 개인입니다. 독립은 상태가 아니라 역량이고, 그러한 역량은 우리 안에서 오가는 다정한 마음을 먹고 자라납니다. 넘어져도 누군가 날 잡아 줄 거라는 따뜻한 믿음 속에서 어린아이가 첫걸음마를 떼듯 말입니다.

작은 '우리'를 발견하는 것부터 시작입니다

각자도생 대한민국에서 시급히 이루어져야 할 시민교육의 출발점은 학생들이 각자의 '우리'를 발견하고 경험할 수 있도록 도와주는 것이라고 생각합니다.

공동체 안에서 소중한 존재로 대우받아본 경험, 공동체 구성원들과 끈끈한 연대감을 느껴본 아이들은 '우리의 힘'이라는 것을 논리로 설명하지 않아도 이해합니다. 친구가 겪은 부당한 일에 함께 분노해 본 아이들은 왜 더 나은 사회를 만들기 위해 노력해야 하는지 묻지 않습니다. 마찬가지로 팀을 이뤄 운동 경기에서 승리해 보거나, 학생회 활동을 통해 의견을 모아 학교에 변화

황소희

를 만들어내는 등 혼자서는 할 수 없었던 일을 함께여서 해냈던 경험이 있는 아이들은 희생, 연대, 헌신과 같은 단어를 보고도 냉소하지 않습니다. 공동체의 습속을 학습하고 준수하는 것을 공동체에 굴복하거나 내가 원치 않는 규범에 굴종하는 것으로 여기지 않고, '함께'를 통해 행복해질 수 있는 방법을 배우는 과정으로 여깁니다. 그런 아이들은 누가 시키지 않아도 '독립'을 위해 '함께'의 가치를 절대 포기하지 않습니다.

저는 이것을 사랑의 변혁적 힘이라 부릅니다. 다른 사람의 사랑, 표준국어대사전의 정의대로 "어떤 사람이나 존재를 몹시 아끼고 귀중히 여기는 마음"을 경험한 사람은 그 경험을 통해 다른 사람을 사랑할 수 있는 사람으로, 즉 '우리'의 문제를 해결하기 위해 적극적으로 나설 수 있는 시민으로 자라납니다. 물론 다종다양하게 나와 다른 면을 가진 사람들과 부대끼며 그들을 사랑하는 과정이 늘 아름답고 가슴 벅차지만은 않을 겁니다. 때로는 배신감에 울거나 마음을 닫게 되는 순간도 오겠죠. 하지만 비 온 뒤에 땅이 굳는다고, 다양한 인간관계로부터 발생하는 갈등과 소란도 좋은 밑거름으로 삼을 수만 있다면 다른 사람을 더 잘 사랑할 수 있는 힘을 기를 수 있게 됩니다. 운동을 통해 근육이 발달하고, 탐구하고 고뇌하며 사고력이 길러지듯, 사랑을 주고받는 경험을 통해 우리의 품도 자라납니다.

그리고 작은 '우리'에서 경험한 사랑을 통해, 소속감과 연대감을 느끼는 '우리'의 범위를 차차 넓혀나갈 수 있습니다. 이것 역시 또 다른 사랑의 변혁적 힘입니다. 내 자식을 편애하게 될까 봐 내 자식을 남 보듯 할 때 사랑의 범위가 넓어지는 것이 아니라, 내 자식이 얼마나 소중한지 제대로 경험해야 남의 자식 역시도 누군가에게 얼마나 소중한 존재인지 이해할 수 있게 된다고 생각합니다. 영화 「겨울왕국」에서 '친구를 위해서라면 녹아도 괜찮다'는 강렬한 감정을 느껴 본 올라프는 자신이 소중하게 생각하는 안나가 소중히 여기는 크리스토프를 함부로 대할 수 없을 겁니다. 그래도 여전히 배타적 사랑은 더 넓어질 가능성에 비해 위험성이 더 크다고 생각하는 분들이 계실 것 같아요. 그렇다면 특정한 공동체에 대한 배타적 사랑의 위험성을 날카롭게 비판했던 세계시민주의자 마사 누스바움이 남긴 문장을 한번 읽어 보시겠어요? 한때는 수많은 학자들에 대항해 국가보다는 세계에 초점을 둔 시민교육을 강력히 주

황소희

장했던[14] 마사 누스바움이지만, 최근 출간된『세계시민주의 전통』이라는 책에서는 전 인류와의 느슨한 연대를 말하는 세계시민주의가 '고귀하지만 결함 있는 이상'임을 인정하며 이런 문장을 남겼습니다.

"대부분 가까운 것에 대한 강렬한 사랑은 전 세계적 목표에 도움이 된다. (중략) 가족과 친구에 대한 사랑은 정의에 헌신하는 성품에 깊이와 활력을, 마르쿠스의 외로운 삶에는 없었던 바로 그 활력을 불어넣는다. 나아가 가까운 것과 먼 것을 모두 사랑하는 그런 삶은 인생을 살 만한 가치가 있는 것으로 만드는 인간적 헌신이 얼마나 풍요로운지 보여준다. 물론, 그런 삶에는 많은 난관이 따른다."[15]

[14]   마사 누스바움과 여러 학자들의 애국주의에 관한 논쟁은 조슈아 코언·마사 누스바움, 오인영 옮김,『나라를 사랑한다는 것: 애국주의와 세계시민주의의 한계 논쟁』(삼인, 2003) 참조.(번역본은 절판되었지만,『For Love of Country?』(Beacon Press, 2002) 원서로 읽어보실 수 있습니다)
[15]   마사 누스바움, 강동혁 옮김,『세계시민주의 전통』(뿌리와이파리, 2021), 124쪽.

우리를 늘 구원하는 사랑의 힘

사랑이라는 힘이 워낙 어디로 튈지 모르는 강렬한 힘이니 당연히 난관도 따를 테고 의도치 않은 결과가 초래될 수도 있을 겁니다. 하지만 누스바움의 말처럼 가까운 것에 대한 강렬한 사랑이 먼 것에 대한 사랑 역시 가능하게 하고, 그러한 사랑만이 우리의 삶을 활기 있고 풍요롭게 만듭니다. 사람과 사람을 이어주고 홀로는 느낄 수 없었던 행복감을 느끼게 해 주는 관계를 만드는 신비로운 힘이 바로 사랑입니다. 제가 학교에서 해야 할 시민교육은 결국 누구나 가지고 있는 사랑의 능력을 일깨우고 키우는 일이라고 생각합니다. 작은 '우리'에 대한 애착이 성장과 함께 점점 확장되며, 지역공동체에 대한 사랑과 국가 구성원에 대한 사랑으로, 더 나아가서는 인류에 대한 사랑, 그리고 지구에 살아가는 모든 생명에 대한 사랑으로까지 이어져 종국에는 세계시민으로서의 자질과 덕목까지 갖출 수 있게 되겠지요.

그런 의미에서 저는 각자도생 대한민국에서 시민을 길러내려면 학교는 무엇보다도 학생들이 서로 연결되어 있다고 느끼는 따뜻한 공동체를 경험할 수 있는

황소희

공간이 되는 데 집중해야 한다고 믿고 있습니다. 모든 사람이 처음으로 마주하는 공동체인 가정에서 경험한 사랑이 밑거름이 된다면 학교의 적극적인 노력 없이도 아이들끼리 크고 작은 공동체들을 자연스레 만들고 또 경험하겠지만, 생존을 위한 투쟁을 하느라 지쳐 버린 사람들로 가득한 각자도생 대한민국에서 모두에게 가정이 따뜻한 공간이길 기대하긴 어려울 테니까요.

학교는 자신만의 세계에 기꺼이 갇히겠다는 단절되고 고립된 개인들을 서로 연결하는 공간이 되어야 하며, 서로를 '우리'로 느낄 수 있도록 하는 교육은 모두 시민교육이 될 수 있습니다. 함께 밥을 나눠 먹는 식구(食口)가 되고, 매일 등교하며 용건 없이도 서로 말을 주고받고, 짝꿍 바꾸는 시간에 새로운 사람과도 대화해 보고, 체육대회 때 우리 반을 함께 응원하고, 서로 생일을 축하하고 축하받고, 마음이 맞는 친구들과 동아리를 만들어 운영해보는 것도 모두 시민교육입니다. 학교라는 공간은 서로 몰랐던 개인들이 이해관계 없이도 공동체를 이뤄 함께 살아가는 법을 터득할 수 있도록 다양한 기회를 만들어줄 수 있습니다.

그리고 교사는 교육의 주요 목표 중 하나인 시민

양성을 위해 무엇보다도 학생들끼리 수업 시간에 서로 교류하고 친해질 수 있는 계기를 적극적으로 마련해주어야 합니다. 수업 시간 내내 교사만 말하는 일방적인 강의 방식은 무엇보다도 시민교육의 차원에서 바람직하지 않습니다. 학생들에게 따뜻한 인사를 건네며 소중한 구성원으로서 존중받고 사랑받는 경험을 만드는 것 역시 중요합니다. 학생들 간에 갈등이 발생하더라도 가해자/피해자를 나누는 응보적 정의가 아니라, 공동체 안에서의 복잡한 연결성을 중시하는 회복적 정의에 초점을 맞춰 다 함께 문제를 해결하는 법을 겪어 보게 해야 합니다. '우리'를 발견하는 것은 학생들의 몫일지라도, '우리'를 제대로 유지하는 방법을 배우는 것은 교사의 애정과 적절한 개입을 통해서만 가능합니다.

시민교육에서 누구보다 무거운 책임감을 느껴야 하는 것은 학교 관계자들과 교사이겠지만, 사실 훌륭한 동료 시민을 기를 기회, 그리고 나 스스로 더 나은 시민으로 성장할 수 있는 기회는 우리 사회 곳곳에 있다고 생각해요. 예전에 전태일 열사의 일대기를 다룬 영화를 다룬 칼럼에서 "동생 같던 '시다(미싱보조원)'들의 일상에서 부당함을 느끼고, 나와 내 주변이 더 나은 오늘

184   황소희

을 보내기를 바랐던 전태일의 다정함은 분명 노동권 인식의 시작이었다."[16]라는 문장을 읽었을 때도 같은 생각을 했어요. 혼자라서 불안한 분들은 어느 곳이 되었건 새로운 '우리'를 찾아 나서 보세요. '우리'라고 느끼는 이들이 있다면 그들과 함께 더 많은 일들을 도모해보세요. 또 주변 사람들에게 늘 다정하게 대해 주세요. 여러분들의 작은 배려와 따뜻한 말 한마디가 누군가의 마음속에 숨어 있는 사랑의 역량을 일깨울 수 있을지 몰라요.

지금까지 수업을 들으며 어떤 생각을 하셨을지 궁금합니다. 강의를 마무리하려고 하니 초조한 마음이 드는 것도 사실이에요. 점점 나빠지는 세상 속에서 이런 이야기들이 무슨 소용이냐고 되묻는 분들도 계실 것 같다는 생각 때문에요. 우리가 살고 있는 대한민국에서 사람들이 계속해서 스스로 목숨을 끊고, 새로운 사람도 예전만큼 태어나질 않습니다. 저 역시도 동료 시민들을 동등한 인간이 아니라 자신의 욕망을 위한 수단으로 삼는 사람들을 접할 때마다, 인간으로서의 기본적인 연민과 공감 능력을 상실한 것처럼 보이는 사람들의 행동이

---

[16] 「세상엔 보통의 영웅이 많다」,《경향신문》, 2021년 12월 21일.

경쟁을 이유로 면죄부를 받을 때마다 동료 시민에 대한 신뢰가 꺾이고 절망감이 드는 것도 사실입니다.

얼마 전에 화제가 된 오프라 윈프리의 민주당 전당대회 연설을 보았습니다. 오프라 윈프리는 연설 중에 흑인과 백인이 함께 학교를 다니지 못하던 시절, 연방 보안관들의 보호를 받으며 백인 학교에 등교했던 테시 프리보스트 윌리엄스(Tessie Prevost Williams)의 이야기를 꺼내더라구요. 저격수들이 흑인 어린아이들을 노리지 못하게 하려고 창문을 종이로 가려놓은 교실에 앉아 공부했을 6살 어린 소녀의 모습을 상상하니 마음이 저린 한 편 경외감도 들었는데, 오프라 윈프리는 몇 주전 세상을 떠난 그녀를 추모하며 이렇게 말했습니다.

"제 생각에 학교와 가정에서 누군가가 이 어린 소녀에게 아주 훌륭하게 가르쳤던 것 같습니다. 윗사람들에게 도전하는 법과 아랫사람들에게 힘을 실어주는 법을요. 그들은 그녀에게 세상을 바라보며 단지 있는 그대로가 아니라 가능성을 볼 수 있는 법을 가르쳐 주었습니다. 그들은 그녀에게 정의와 자유에 대한 열정을 심었고, 그 열정을 추구하는 데 필요한 영광스러운 투지까지 심어 주었습니다."[17]

황소희

지난 학교 생활을 돌아보면 시민을 길러내기에 너무나도 척박한 대한민국 사회임에도, 그리고 입시를 목전에 둔 고등학교 생활임에도, 학교에는 언제나 공동체에 단단히 발을 딛고서 시민의 역할과 의무를 고민하고 또 실천하는 빛나는 학생들이 있었습니다. 서로에게 다정하게 관심을 기울이는 학교 현장과 자신의 임무를 정확하게 이해하고 있는 교사들이 존재하는 한, 그리고 서로에게 관심을 기울이고 사랑을 나누는 수많은 동료 시민들이 존재하는 한, 우리가 처한 조건을 바꾸고 우리 모두가 더 나은 사회로의 변화에 동참하게 하는 훌륭한 시민들은 계속해서 태어나고 또 길러질 것입니다.

[17]　한국일보 유튜브, 「'품격은 이런 것' 생애 첫 정치 무대 연설서 '이름값' 증명한 오프라 윈프리」, 2024년 8월 24일.

Q 지금 나를 가장 구속하는
관계는 무엇인가요? 그 관계가
답답한 이유는?

Q 그 관계에서 독립한 후에
새로 만들고 싶은 관계는 어떤
모습인가요?

A 아무래도 저에게 의존하고
있는 5살 딸아이예요. 아기 낳고
처음에는 내 삶의 주도성을 잃는
느낌이었는데, 지금은 이게 마냥
답답하게 느껴지지만은 않아요.
함께 시간을 보내며 아이와 저
사이에 단단한 관계가 형성되고
있다는 게 느껴지기도 하고,
그러한 관계로부터 다른 데서는
얻지 못할 안정감과 행복감을
느낄 수 있다는 것도 알게
되었거든요.

A 시간이 지나며 자연스레
아이와의 물리적 거리가
멀어지더라도, 서로에게
존재만으로도 든든한 관계가
되었으면 하고 바라고 있어요.
쉽진 않겠지만요. 양육의 목표는
건강한 독립이라고 하니, 아이가
부모 이외의 사람과도 다양한
관계맺음을 경험하며 성숙하게
자라날 수 있도록 저도 계속
고민하고 노력해야겠다는 생각을
합니다.

　　　　　황소희

일인 가구의
쾌락 독립

안진영 × 박가을

안진영　　　여성의, 여성을 위한, 여성에 의한 섹스토이숍 유포리아 대
표. 이화여대 국제사무학과에 재학 중이던 2016년 유포리아를 설립했
다. 미국에서 인턴 생활하며 반려가전을 처음 접했고, 이 좋은 걸 나만
알고 살 수는 없다는 생각에 섹스토이 사업에 뛰어들었다. '오르가슴은
사치재가 아니다'라는 신념으로 여성들에게 안전하고 평등하고 부담 없
는 쾌락을 전하기 위해 힘쓰고 있다.

백가을　　　과학기술학 연구자, 디지털성폭력근절 활동가, 잡지
《RADish》 편집장. 서울대 과학사 및 과학철학 협동과정에서 디지털
성폭력 및 이에 저항하는 익명 여성들의 정치세력화 과정과 심리에 관
한 연구로 석사학위를 받았다. '메갈리아'에 뿌리를 둔 디지털 성폭력 근
절 운동 단체 'DSO'에서 연구팀장으로 활동했다. 현재 출판사 움튼을
운영하며 다양한 페미니즘 출판, 언론 활동을 하고 있다.

타인으로부터 [독립]적인 성적 만족을 찾는 법

"타인의 도움 없이 기구를 통해
내 몸의 감각을 내 마음대로 할 수 있다는 측면에서
쾌락에 대한 여성의 주체성이 커졌다고 봅니다.
그러나 더 나아간 쾌락 '해방'을 말하자면
여성들이 쾌락을 추구하는 판타지의 양상이
완전히 달라져야 할 것 같아요."

"모두가 자신의 판타지에 대해
아주 솔직하게 탐구해 보는 시간이
필요하다고 생각합니다.
취향이 나쁜 사람이라고 자학할 것이 아니라
내게 이상한 마음이 있다는 걸 인정하되
그 욕구를 다른 방식으로 정당화하려 하지는 않았나
질문을 던져 보는 거예요."

안녕하세요? 이렇게 만나 뵈어 반갑습니다. 두 분은 독립이라는 키워드를 듣고 가장 먼저 무엇을 떠올리셨나요? 이와 관련해 제가 생활 밀착적으로 가장 오래 궁금증을 품은 주제는 바로 '쾌락 독립'입니다.

1980년대 후반생인 저는 요즘 사람들의 새로운 문화로 비혼주의 선언이나 비혼식 등이 오르내린 것이 그리 오래지 않아 보입니다. 그런데 최근 2~3년 사이 이런 경향이 더욱 강화되어 2030대들이 결혼과 출산은 물론 연애까지 적극적으로 거부한다는 통계와 인터뷰가 연일 발표되고 있어요. 이런 소식을 들을 때마다 동년배들에게 솔직히 묻고 싶은 것이 있습니다. '여러분은 손잡고 키스하고 몸 붙이는 육체적 쾌락에서 완전히 해방된 거야?'

"파트너에게 의존하지 않아도 되는, 나만의 자기주도적 쾌락을 찾"기 위한 반려가전 쇼핑몰을 운영 중인 안진영 대표님과 2015년 '페미니즘 리부트' 이후 디지털 성폭력의 문제점을 폭로하고 여성의 섹슈얼리티 이슈를 탐구해 온 백가을 연구자님. 두 분께 여성의 안전한 육체적 쾌락 추구에 관한 솔직한 의견을 청하고 싶어요.

나는 솔로

진영　안녕하세요. 유포리아의 대표 안진영입니다. 지난 8년간 사업체를 운영하며, 또 반려가전과 관련한 주변 이슈를 접하며 개인적으로 관찰하기에는 쾌락 실현에 있어 자주적, 독립적인 양상이 더 뚜렷해진 것으로 보여요. 많은 분이 파트너를 찾기보다 혼자서 쾌락을 실현하려는 이유는 '덕질', 반려가전 등의 보조 수단을 곁들인 자립적 쾌락과 실제 파트너와 관계를 맺을 때의 장단을 비교할 때 후자의 위험이 압도적으로 크게 다가와서겠죠?

자주적인 양상이 관찰된다는 말씀이 반가운 한편 또 다른 질문이 꼬리를 뭅니다. 확실히 이전보다 많은 사람이 섹슈얼리티와 친밀성을 채우는 수단으로 아이돌이나 가상의 캐릭터를 '덕질' 하거나 반려가전을 활용하는 듯해요. 그런데 이런 현상은 안전하게 쾌락을 추구할 만한 인간을 찾기 전까지 임시 방편으로 보아야 할까요, 아니면 더 나아가 그런 대상을 만나기를 포기한 결과로 해석할 수 있을까요?

저 역시 덕질을 즐기는 사람 중 한 명입니다만, 가끔은 데이트를 할 만한 사람이 전혀 없다는 것을 떠올리고 외로움을 느낄 때가 있어요. 장기적인 파트너가 있는 사람들 사이에서 나만 솔로일 때는 초조함을 느끼기도 하고요. 안정적인 파트너를 찾는 시도가 좌절될 때 이러한 관계를 포기하는 단계에 있다고 생각하기도 합니다.

가을 저는 4B(비혼, 비출산, 비연애, 비성관계) 운동을 실천하는 활동가입니다. 제 관점에서는 미선 님의 상태가 전혀 포기로 보이지 않아요. 노력할 때 드는 매몰 비용이 너무 큰 상황을 마주한 것이라 진단하고 싶습니다.

그리고 저처럼 '결혼은 가부장제의 벽돌'이라는 입장이 아니더라도, 『에이징 솔로』와 같은 책이나 뉴스에 소개되는 사례처럼 결혼을 하지 않는 사람이 실제로 많잖아요? 페미니즘이 문제가 아니라 살다 보니 혼기라는 것이 인생에 큰 의미가 아님을 깨달은 사람들이 늘고 있는 것이죠. 이런 문화의 변화, 일인 가구가 증가하는 현실과 나란히 일인 가구에 맞춤한 집의 수요가 늘고 있고요. 사정이 이러하다면 제도는 어쩔 수 없이 따라올 수밖에 없다고 생각해요.

남녀 대부분이 적령기에 결혼하고 그러한 정상 가족만이 표준인 시대에도 혼자 사는 사람은 있었잖아요. 모두가 같은 방식으로 살 수 없고 개개인이 더 다양한 욕망을 실현하려는 시대가 되었다고 봅니다.

진영 미선 님은 이성과의 데이트를 포기했다고 하셨지만 그런 만남에서 마음 깊이 원한 것이 꼭 성애 관계에서 오는 물리적 쾌감은 아니었을 것 같아요. 남들에게 뒤처지고 싶지 않다거나 또래 집단에 대한 소속감, 파트너와의 유대감이나 정서적 만족감 등이 뒤섞여 있겠지요.

맞습니다. 그런데 이성에게 크게 바라는 것이 없다면, 다른 친밀한 관계로 성애적 욕구까지 충족할 수 있을지는 여전히 궁금

안진영 × 백가을

해요. 연애하지 않기로 한 사람들은 성애 대상이 아닌 이들, 이를테면 친구들과의 유대나 따스한 포옹만으로도 욕망이 해결되는 건가 하는…….

진영 저는 늘 친밀한 관계를 갈망하는 사람인데요. 그래서인지 손쉽게 얻을 수 있는 친밀한 관계에 쉽게 빠져드는 편이었습니다. 조금 극단적인 말이지만 꽤 오랫동안 섹스와 애정을 교환한 관계들을 해 왔던 것 같아요. 남자들은 노력 없이 쉽게 애정을 주고, 저는 그들 눈에 비친 '욕망 당하는 저'를 거울 보듯 우회해 보며 자신의 가치를 확인하려 했어요.

　정해진 시나리오처럼 쉽게 주어진 친밀함을 제공했던 '낭만적 사랑'이라는 선택지를 내려놓은 지금은 여러 갈래의 우정을 쌓기 위해서 더 노력하고 있습니다.

　사실 육체적인 쾌락을 충족하는 것은 반려가전만으로도 충분합니다. 훨씬 간편하고 빠르게 원하는 감각을 얻을 수 있어요. 앞에서 언급했듯 저는 타인의 도움 없이 기구를 통해, 혹은 꼭 기구를 사용하지 않더라도 내 몸의 감각을 내 마음대로 할 수 있다는 측면에서 쾌락에 대한 여성의 주체성이 커졌다고 봅니다. 이런 변화를 쾌락 '독립' 또는 '자립'이라고 할 수 있겠지요. 그러나 여기서 더 나아간 쾌락 '해방'을 말하자면 여성들이 쾌락을 추구하는 시나리오나 판타지의 양상이 완전히 달라져야 할 것 같아요.

상대 없이도 괜찮아

오랜 궁금증을 솔직하게 털고 있자니 복잡한 실타래가 조금씩 풀리는 듯해요. 인간의 성욕은 어느 정도인가, 친밀성이라는 개념은 어떻게 변화했는가 하는 존재론적이고 역사적인 이야기는 잠시 두고, 지금 우리 사회에 넘쳐나는 섹슈얼리티에 대해 얘기해 봅시다.

저는 판타지로서의 섹슈얼리티가 우리 주변에 넘실거리고 있고 이것에 접근하는 방식이 상상 이상으로 풍부해졌다고 느껴요. 기구를 통한 쾌락부터 볼까요? 진영 님이 사전 미팅에서 "쾌락을 얻기란 너무나 쉽다. 하지만 상대를 동반한 쾌락은 더욱 섬세한 문제다."라고 말씀해 주신 것이 인상적이었는데요. '기계를 통한 쾌락' 방면에 어떤 미래를 보고 계신가요?

진영 저는 적어도 섹슈얼리티에 있어서는 공산품이 공산품의 영역에 머물렀으면 좋겠어요. 안드로이드나 인공지능 같은 기술이 발전하더라도 공산품이 인간과의 성적 교류를 모방하는 일은 윤리적으로 좋은 결과를 만들어내기 어렵다는 의견입니다.

이런 제 희망과 별개로 섹스토이의 발전 양상은 다음 두 방향으로 양극화될 것 같습니다. 하나는 인간과의 교류를 가장 흡사하게 모방하는 방향, 다른 하나는 실제 성 경험과 다른 종류의 쾌락을 구현하는 방향으로요.

올해 초 미성년, 아동의 모습을 한 섹스돌을 국내에 밀수입해 판매하는 업체를 언론사에 제보한 일이 있어요. 공중파에 보도가 되기는 했지만 방송 수위의 문제도 있고, 해당 업체에 대한 암행 취재가 원활히 이뤄지지 않아서 기사가 제대로 나가지는 못했습니다. 키 135센티미터에 A컵인 섹스돌에 교복을 입혀서 홍보하는 것, 음순, 체모 디자인, 음부·항문 색상을 커스텀하고 턱관절 움직임까지 컨트롤 가능한 섹스돌을 인간이 기술 발전으로 이루어 낸 쾌락 혁명이라고 한다면……그건 좀 슬프죠.

반려가전과 섹스돌이 나란히 등장하게 되네요.

여성 대상 제품과 남성 대상 제품은 역시 차이가 크죠?

진영 여성을 타기팅한 제품들은 물리적 욕구를 충족하는 기능에 주로 초점을 맞추고, 남성을 타기팅한 제품들은 정서적 욕구 만족에 좀 더 기반을 두는 듯합니다.

사용자 입장에서 나타나는 차이도 있어요. 남성 소비자에게서 물리적 기능만 가진 제품을 정서적 욕구까지 충족하는 제품, 그러니까 인간을 모방하는 제품보다 열등한 것으로 취급하는 경향을 종종 발견하곤 합니다. 섹스돌 관련 기사를 보면 '소고기를 먹을 수 있는데 닭고기를 왜 먹냐.' '인터넷이 있는데 편지를 쓸 거냐.' 하는 식의 댓글을 어렵지 않게 찾을 수 있어요.

남성용 기구의 실태를 잘 모르는 분들을 위한 설명이 필요할 것 같아요. 사실 저도 진영 님의 책이나 가을 님의 기사를 보기 전까지 남성 대상 제품이 이 정도까지 왔다는 걸 상상할 수 없었거든요.

가을 듣기에 따라 굉장히 불쾌하실 수 있겠지만 한번

안진영 × 백가을

말씀드려 보겠습니다. 피부 감촉의 경우 섹스 인형이든 섹스 로봇이든 실제 사람과 구분이 불가능할 정도로 생생하게 구현됩니다. 사람의 체온과 비슷한 온도를 만드는 발열 기능은 섹스 로봇의 가장 보편적인 옵션이에요. 로봇이 사용자와 눈 맞춤을 할 수 있고, 내 시선을 따라오도록 할 수도 있어요.

다른 옵션은 좀 더 적나라한데요. 가슴이나 음부 등 특정 부위를 만지면 로봇이 신음을 내게 만들 수 있습니다. 얼마나 강하게 또는 빠르게 잡느냐에 따라 신음의 크기나 패턴을 다르게 세팅할 수 있고, 인형에서 자동으로 윤활액이 분비되도록 하는 기능도 있습니다.

최근 활용되는 섹스돌의 인공지능 기술은 로봇의 성격이나 반응까지 설정하도록 해요. 여성 신체 구석구석을 모방한 로봇에 '나를 너무 좋아하는 성격', '나를 거부하는 성격' 같은 것을 설정하고 인간 사용자가 섹스돌을 상대로 자기 판타지를 시뮬레이션할 수 있도록 하는 거예요. 또한 섹스돌 기업은 로봇에 탑재한 프로그램을 구독 결제하는 서비스를 통해 사용자 데이터에 기반한 맞춤형 커스텀을 제공합니다. 외형도 성격도 '나만을 위한' 섹스돌임을 셀링 포인트로 잡고 실제로 판매하고 있습니다.

진영 이런 제품이 세계에서 가장 큰 가전 박람회인 CES에 출품되죠.

앞에서 '쾌락을 위한 판타지' 운운한 것이 무색해지네요. 제가 알지 못하는 곳에 이런 끝없는 판타지가 펼쳐져 있고 심지어 현실로 구현되고 있다니……. 이러한 기기들을 단순히 쾌락 해소를 위한 것이다, 판타지에 불과하다고 말할 수 있을지 의아한데요.

가을 우리가 앞에서 쾌락과 친밀성을 관계의 차원에서 봐야 한다고 했잖아요. 섹스돌과 관련해서는 사람, 특히 여성의 전신을 현실에 가깝게 모방할수록 그 로봇이 여성을 물화하고 여성을 비인격화하는 도구로 활용되는 양상이 커져요. 현실에서는 동의 없는 성관계는 강간이고 추행이지만 물화된 여성 로봇을 대하며 이런 것들이 용인될 수 있다는 메시지를 사회에 주게 되는 것이죠.

이를테면 누군가 특정 피부색의 인종이 너무 싫어

서 그 인종을 굉장히 사실적으로 묘사한 샌드백을 만들었다고 합시다. 이 제품이 더 많은 사람에게 상용되고 산업화된다면 이 산업의 반인륜적이고 인종차별적인 측면이 분명 문제시될 거예요. 하지만 섹스돌에 대해서는 이것이 치명적인 여성혐오 문제임을 바로 떠올리지 못하는 듯해요.

나의 가장
추악한 판타지와 마주하기

범람하는 섹슈얼리티에 관한 다른 이야기를 이어가 볼게요. 모두가 연애하지 않고 결혼하지 않는 시대라지만 대중들은 여전히 사랑에 큰 관심을 두고 있는 듯해요. '갓생 사는 일반인', '엉망진창 날것 사람'이 출연하는 연애 프로그램이 큰 히트를 쳤죠. 데이트앱, 결혼 정보 회사의 호황은 말할 것도 없고요.
이런 프로그램은 시청자에게는 대리만족을, 출연자에게는 돈벌이의 수단이 되는 콘텐츠 산업의 일부이기도 합니다. 쾌락을 주는 기구, 기계, 실제 물건을 다뤘으니 성애적 관계의 환상을 활용한 콘텐츠 이야기도 나누어 볼까요.
혹시 두 분에게는 길티 플레저를 느끼게 하는 콘텐츠가 있나요? 또다시 고백하자면, 요즘 저의 쾌락 콘텐츠는 아이돌 팬픽이에요. 콘텐츠 기획자로서의 분석은 전부 내려놓고 팬픽 특유의 관계성을 폭식하는 건데요. 이런 판타지를 잔뜩 즐기고 나면 머리가 상쾌해지기도 하고 어떤 날은 심한 자괴감이 들기도 해요.

진영 저는 웹소설을 자주 보는데요. 믿음직스럽고 기댈 수 있는 '북부대공' 캐릭터에 대한 판타지가 있어요. 평소에 책임지는 것이 너무 많은데, 남들에게 징징거리고 싶고 기대고 싶지만 실제로는 그럴 수 없잖아요. 꼭 로맨스물이 아니더라도 남성 주인공 캐릭터는 피지컬과 성격 양면에서 북부대공 스타일을 좋아하네요. 또 내가 좀 망하더라도 서로가 서로를 구원해 줄 수 있는 구원 서사에 굉장히 끌립니다.

가을 어디서부터 말씀드려야 할까요? 저는 디지털 성범죄 근절 활동가로서 성착취물 사이트를 모니터링하며 별별 기가 막힌 모습들을 목격해 왔어요. 세상엔 정말 해괴하고 폭력적인 욕구가 많더라고요. 그리고 이런 결과물을 남자뿐 아니라 여자 또한 소비하고, 이를 통

안진영 × 백가을

해 자신의 '취향'을 만들어가고 있다는 점에서 문제의식을 느꼈어요.

그래서 저는 여성들이 즐길 수 있는 대안적 판타지를 만들기로 했습니다. 네, 길티 플레저를 느끼는 콘텐츠를 보는 게 아니라 직접 쓰기를 택한 거예요. 나의 모든 원초적인 판타지를 투입한 글로 더 많은 여자를 홀리겠다. 그 일념으로 웹소설을 쓰기 시작했어요.

제 글을 읽으며 성적 쾌감을 느꼈다는 독자들의 댓글을 굉장히 많이 받았는데요. 이런 창작 활동을 통해 저는 제가 모르는 불특정 다수의 여성에게 즐거움을 주는 것이 강렬한 쾌감이 된다는 걸 알게 됐어요. 저의 글쓰기는 굉장히 중요한 성적 수행이기도 해요. 저와 독자가 육체적인 접촉을 한 건 아니지만 머릿속에 있는 섹슈얼리티 코드, 관계성 코드를 나누는 거잖아요.

가을 님이 말씀하시는 관계는 콘텐츠 창작자만이 추구할 수 있는 방식이네요.

저는 독자로서 쾌락 콘텐츠를 즐길 때만큼은 욕망을 자연스럽게 발산하고 싶지만, 일순 '어차피 다 판타지잖아'라고 말해 버리는 포르노 소비자들과 자신을 겹쳐 보며 죄책감을 가질 때가 있어요. 이런 엉망진창 분열 상태에서 어떻게 안정적으로 욕망을 추구할 수 있을까요?

진영 자신만의 판타지는 좀 있어도 괜찮다고 봅니다. 내 안의 이상한 욕망을 긍정하고 받아들여야죠.

가을 진영 님 말씀에 동의해요. 그에 덧붙여 내가 원하는 걸 보고 싶은 마음까지 부정할 필요는 없다고 말씀드리고 싶네요.

　　자기에게 어떤 판타지가 있어요. 그 내용이 굉장히 반여성적이에요. 그렇다고 해서 '나는 그런 욕망이 없다'고 부정해버리면 사람이 망가지거든요.

진영 그런 자신을 받아들이되 탓하지 않으려면 어떻게 해야 할까요?

가을 모두가 자신의 판타지에 대해서 아주 솔직하게 탐구해 보는 시간이 필요하다고 생각합니다. 이미 본인이 그런 콘텐츠에 쓴 시간과 돈이 있을 거예요. '「투 핫!」을 30시간 봤구나.' 같은 수치요. 이걸 두고 내 취향이 나

안진영 × 백가을

쁘다고 자학할 것이 아니라 '난 「투 핫!」을 진짜 좋아하네. 그런데 왜일까?'라고 되묻는 겁니다.

그 이유는 단순히 좋은 몸을 가진 이성이나 그들 사이의 관계에 대한 환상이 있는 것일 수 있고, 아니면 지금 욕구 불만이 너무 커서 남들의 성애 관계를 보고 싶은 것인지도 몰라요. 인플루언서들의 세계를 구경하는 마음일 수도 있고요. 내게 이상한 마음이 있다는 걸 인정하되 그 욕구를 다른 방식으로 정당화하려 하지는 않았나 질문을 던져 보는 거예요.

이것은 옳고 그름의 문제가 아니라 콘텐츠를 소비하는 책임감 있는 태도라고 봐요. 나의 모습과 욕망에 대해 완전히 인정하기, 그에 대해 내가 어떻게 변하고 싶은지 설계하기. 이 과정이 쉽지 않기에 소위 좋지 않은 취향과 욕망을 바꾸는 일이 어려운 것이겠죠.

쾌락과 화해하며 새로운 관계 찾기

쾌락과 윤리 사이에 분열된 자신을 점검할 수 있는 실전 팁에 감사드려요. 기계와 콘텐츠 이야기를 한바탕했네요. 버튼 하나

로 손쉽게 얻는 쾌락, 현실에서 실현 불가능한 망상의 끝의 끝
까지 가는 콘텐츠들의 유혹을 무시하기는 어렵습니다. 그런데
동시에 이런 간편함과 파괴적인 쾌락이 일상에서의 친밀성을
대체할 수 없다는 것도 분명해 보여요.

연애와 가족, 사랑과 우정이라는 기존의 사회적 양식과 코드가
해체되는 현재에, 쾌락을 놓아 주고 주변인과의 친밀성에 더
높은 가치를 두는 사람이 많아지는 것 같습니다. 여성-비혼 커
뮤니티가 많아지는 이유, 남성에게 경제적 능력보다 사회적 소
통 능력을 강조하게 된 것도 같은 맥락이 아닐까요.

마지막으로 '2030세대 여성 가장'으로 살아가는 데 꼭 필요
한 주변 관계는 어떤 모습일지 여쭙고 싶습니다.

진영　지금 저에게 진짜 중요한 가치는 친밀감과 유대
감이에요. 낭만적 사랑을 추구하던 때에는 좋은 점도
있었지만 그만큼 저 자신을 참고 억누르던 때가 많았
어요. 그러다 여자 친구들을 만났고, 좀 더 마음을 놓고
관계를 만드는 법을 알게 되었어요. 제 마음이 여유로
워지고 진짜 괜찮은 친구들이 생기며 상호 의존하는 관
계들이 채워지니까 단 하나의 유일한 영혼을 약속한 관
계에 전만큼 크게 집착하거나 의미 부여를 하지 않게

되더라고요.

어려울 때 서로 위로가 되는 친구, 반짝이는 아이디어와 힘을 주는 친구, 발전적인 에너지를 주고받는 친구, 시답지 않은 짤을 보내면서 같이 웃는 친구들······ 이 모두와 다양한 형태의 교류를 하고 있어요. 평생을 약속한 유일한 관계보다는 덜 끈끈할지 몰라도 이 정도면 꽤 괜찮은 방향으로 가고 있는 것 같아요.

가을 저는 어려서부터 애정 관계에 대한 탐구와 다양한 시도를 줄기차게 해 온 편이에요. 예전에는 내가 연애를 하고 있고 누군가의 욕망의 대상이 되는 것이 중요했다면 이제는 연애나 사랑 문제 때문에 나 자신을 판단하거나 공허감을 느끼지 않아요. 다른 사람의 무언가가 되기 위해 내가 존재하는 것이 아니잖아요.

진영 원가족과의 유대가 좋지 않은 저에게 제일 필요했던 건 비상 연락처가 되어 줄 사람과 용건 없어도 시시콜콜 연락할 수 있는 관계였어요. 평소에는 '그게 뭐가 그렇게 중요한 거야?' 싶었지만 비상 연락처에 아무 번호도 적을 수 없어서 여권 재발급을 못 했을 때는 정말 서럽더라고요. 이제는 비상 연락처에 적을 수 있는 친구도, 시시콜콜 저랑 놀아 줄 친구들도 생겼습니다.

가끔은 외롭고 공허하기도 합니다. 하지만 애인이 있다고 덜 외롭고 덜 힘들지는 않았어요. 오히려 독점적 관계에 대한 집착 같은 파괴적 감정들로 더 힘들었던 것 같아요. 저는 지금이 좋아요. 앞으로 더 좋게 가꿔가려고요.

두 분 모두 내가 더 편안함을 느끼는 관계를 경험하고 내가 할 수 있는 것에서 즐거움을 느끼며 쾌락의 전환기를 겪으셨네요.

가을 섹슈얼리티 관계에서 제가 가장 마음이 편할 때는 상대가 없을 때입니다. 저는 연애를 보는 접근법 자체가 변해야 한다고 봐요. 우리는 연애 상대에게 나를 편안하게 하는 사람이라는 기대를 품곤 하지만 관계라는 것은 당연히 불편할 수밖에 없습니다. 왜냐하면 그는 나와 다른 존재니까요.

우리는 서로 교류하기 위해 끊임없이 노력할 뿐입니다. 서로를 배려하면서 만나는 사이이므로 불편함은 자연히 뒤따라옵니다. 이를 기꺼이 감수할 수 있다면

안진영 × 백가을

그 자체가 애정을 나누는 사이 아닐까요? 그런 점에서 친구이든 가족이든 아예 모르는 사람이든 동료 시민으로서 모두 나름의 친밀감이 있다고 생각해요.

저는 굉장히 단단한 여자 친구들의 커뮤니티를 갖고 있어요. 지금과 같은 사회에서 변화를 추동하는 사람들끼리 모이다 보니 기본적으로 용감하고 주변에 대한 책임감이 강한 구성원이 특히 많은데요. 그래서인지 당연히 서로의 미래를 어느 정도 책임진다는 암묵적인 합의가 되어 있어요.

물론 살다 보면 저와 친구들 역시 예상하지 못한 변화를 겪겠지요? 하지만 변했다가도 친구들 곁에 다시 돌아올 수 있으리라 생각해요. 우리는 아직 어리고 젊으니 이런저런 시도를 더 해도 좋다고 생각합니다.

Q 지금 나를 가장 구속하는
관계는 무엇인가요? 그 관계가
답답한 이유는?

진영 —— 과도한 책임감으로 얽힌
관계들이 저를 가장 구속하는 것
같아요. 많은 여성이 공감할 만한
'K장녀' 서사도 회사의 대표라는
제 역할도 결국 책임감에서
비롯됩니다. 물론 관계의
구속력이 언제나 나쁘다고만
생각하지는 않습니다. 책임이
마땅한 관계에 구속이 수반되는
것은 당연합니다. 저는 한 조직을
책임지는 대표잖아요. 만약 어떤
관계가 족쇄처럼 느껴진다면
이는 내게 걸맞지 않거나 과도한
책임이 부과되기 때문이겠죠.
저는 독립된 한 개체로서 홀로
선 후에 온당치 않은 관계에
사직서를 던졌습니다. 바로 K장녀
사직서를요. 사측(?)과의 기나긴
사직서 반려 및 숙고, 협상 끝에
사직 완료했음을 자랑합니다!

가을 —— 딱히 저를 구속하는
관계가 없습니다.

Q 그 관계에서 독립한 후에
새로 만들고 싶은 관계는 어떤
모습인가요?

진영 —— 가까운 곳에서 달려올 수
있는 다섯 명 정도의 지역 기반
친구를 만들고, 우정과 신뢰가
두터운 친구와 동거하는 것.
그들과 함께 건강하고 여유로운
할머니로 늙어가고 싶어요.

가을 —— 구속하는 관계는 없으나
새로 만들고 싶은 관계는 있어요.
가치관과 취향을 공유하는 비혼
친구들과 서로의 안전망이 되어
나이 들어갈 느슨한 공동체를
만들고 싶습니다.

안진영 × 백가을

참고 문헌(발표순)

이양구 「저마다의 먼 강으로」
이양구, 「당선자 없음」(2022).
이양구, 「당연한 바깥」(2024).
김삼웅, 『현민 유진오 평전』(채륜, 2018).

송재홍 「래퍼들의 갤럭시」
리처드 세넷, 김병화 옮김, 『투게더』(현암사, 2013).
박하재홍, 『랩으로 인문학 하기』(슬로비, 2016).
지그문트 바우만, 홍지수 옮김, 『방황하는 개인들의 사회』(봄아필, 2018).
한병철, 전대호 옮김, 『리추얼의 종말』(김영사, 2018).
João de Pina-Cabral, "The Two Faces of Mutuality," *Anthropological Quarterly* 86(1)(2013).
Myoung-sun, Song, *Hanguk Hip Hop: Global Rap in South Korea*(University of California, 2019).

김강기명 「독립 너머 연립」

「세계 인권 선언」(1948).

스피노자, 공진성 옮김 『정치론』(길, 2020).

C. B. Macpherson, *The Political Theory of Possessive Individualism: Hobbes to Locke*(Oxford University Press, 2011).

Spinoza, Ed. Edwin Curley, *Collected Works I*(Princeton University Press, 1985).

황소희 「한국인의 시민 수업」

마사 누스바움, 강동혁 옮김, 『세계시민주의 전통』(뿌리와이파리, 2021).

문유석, 『개인주의자 선언』(문학동네, 2015).

장자크 루소, 김영욱 옮김, 『사회계약론』(후마니타스, 2022).

조슈아 코언·마사 누스바움, 오인영 옮김, 『나라를 사랑한다는 것: 애국주의와 세계시민주의의 한계 논쟁』(삼인, 2003).

헬레나 로젠블랫, 김승진 옮김, 『자유주의의 잃어버린 역사』(니케북스, 2023).

김희삼, 「저신뢰 각자도생 사회의 치유를 위한 교육의 방향」, 《KDI Focus》(2018).

고재민, 「지하철에서 담배 피우며 "제 마음이에요"…황당한 30대남」, 《MBC뉴스》, 2021년 6월 17일.

박이대승, 「평등하지 않은 세상을 꿈꾸는 당신에게」, 《주간경향》, 2023년 7월 17일.

박철응, 「2천만원 이상 고소득자 절반 "난 하층"… 사라지는 중산층」, 《주간한국》, 2023년 10월 20일.

배준용, 「살림·가사·육아 무조건 '반반'… 엑셀까지 만들어 따지는 3040 부부의 세계」, 《조선일보》, 2023년 4월 24일.

임지혜, 「"불편하면 차 끌어" 고속버스 등받이 민폐 승객 논란」,

《쿠키뉴스》, 2023년 10월 17일.

조희원, 「세상엔 보통의 영웅이 많다」, 《경향신문》, 2021년 12월 21일.

천관율, 「'방역 정치'가 드러낸 한국인의 세계: 각자도생의 경고」,
　　　《시사IN》, 2021년 1월 4일.

한국일보 유튜브, 「'품격은 이런 것' 생애 첫 정치 무대 연설서 '이름값'
　　　증명한 오프라 윈프리」, 2024년 8월 24일, https://youtu.be/
　　　vcIXFDCz428?si=7hyJpXoeEl4MpA9g

CJ ENM 유튜브, 「스타특강쇼: 청춘이여 공격성을
　　　길러라」, 2013년 2월 13일, https://youtu.be/
　　　F1BNtSqVTj8?si=syyVNtSFxApJ5mYS

안진영 × 백가을 「일인 가구의 쾌락 독립」

김희경, 『에이징 솔로』(동아시아, 2023).

안진영, 『혼자서도 잘하는 반려가전 팝니다』(휴머니스트, 2021).

백가을, 「'리얼돌'을 둘러싼 헛소리들이 싫다」, 《오마이뉴스》, 2022년
　　　9월 1일.

인문잡지 한편
15
독립

글
이양구, 송재홍, 김강기명, 정문태,
지음, 황소희, 안진영, 백가을

편집
신새벽, 김세영, 맹미선

디자인
유진아

발행일
2024년 9월 27일

발행인
박근섭, 박상준

펴낸곳
(주)민음사

등록일 / 등록번호
2020년 5월 20일
강남, 사00118

주소
서울시 강남구 도산대로1길 62(신사동)
강남출판문화센터 5층(06027)

대표전화
02-515-2000

홈페이지
www.minumsa.com

값 10,000원

ISBN / ISSN
978-89-374-9169-6 04100
2733-5623